吴在天 · 著

亲子关系对了 孩子的世界就对了

辽宁人民出版社

© 吴在天　2018

图书在版编目（CIP）数据

亲子关系对了，孩子的世界就对了 / 吴在天著．—沈阳：辽宁人民出版社，2018.8
ISBN 978-7-205-09307-5

Ⅰ．①亲…　Ⅱ．①吴…　Ⅲ．①亲子关系—家庭教育　Ⅳ．①G78

中国版本图书馆CIP数据核字（2018）第109432号

出版发行：辽宁人民出版社
　　　　　地址：沈阳市和平区十一纬路25号　　邮编：110003
　　　　　电话：024-23284321（邮　购）　024-23284324（发行部）
　　　　　传真：024-23284191（发行部）　024-23284304（办公室）
　　　　　http://www.lnpph.com.cn
印　　刷：北京中科印刷有限公司
幅面尺寸：158mm×230mm
印　　张：14.5
字　　数：180千字
出版时间：2018年8月第1版
印刷时间：2018年8月第1次印刷
责任编辑：赵维宁
封面设计：子鹏语衣
封面插画：羊　的
责任校对：耿　珺
书　　号：ISBN 978-7-205-09307-5
定　　价：39.80元

孩子问题行为的背后，
多是亲子关系出了问题

我在心理热线做志愿者的时候，有个离家出走的孩子跑到服务站，问我们可不可以让她在服务站住几天。

服务站的志愿者尝试联系她的家人，但是这个孩子非常不情愿，她一直哭着对志愿者说："别叫我爸爸妈妈来。"

服务站没有办法收留这个孩子，对于离家出走的未成年人，也只能通过联系家长进行劝解及做相关的心理咨询服务。这个孩子当时的情绪很差，说她的妈妈常常说她不认真读书，一点用都没有。为了缓和孩子的情绪，志愿者让孩子暂时留在了这里。

不知道是否因为听说要联系她的家人，她在服务站休息的时候，趁大家不注意还企图吞食安眠药自杀。有志愿者在她手机上找到了她同学的联系方式，最后联系到了她的家人。等到她父母来的时候，我们终于明白这个孩子为什么不愿意见到父母。

孩子的父亲见到孩子的第一反应，不是关心，而是抱怨孩子给他添了麻烦。接着又数落孩子不好好读书，总是往外面跑，回去要好好收拾她……

现场有志愿者忍不住对这位父亲说："孩子都想着自杀了，你还数落孩子，孩子的命还没有学习重要吗？"

碍于面子，那位家长没有再说什么。但我们都可以想象到，有这样的家长，孩子还谈什么好好学习？

其实，每个孩子天生都带着对世界的好奇心，学习和探索本是件非常自然的事情，但是常常因为父母的焦虑、担心，孩子对世界探索的动力，不得不转移到承接父母的焦虑中来。

很多时候，孩子的问题，无论是学习问题还是行为问题，背后都是家庭情感出现了问题，父母与孩子的亲子关系出了问题。

比如很多家长只看孩子的作业、成绩，却从不关心孩子的情绪、心理，孩子的情感得不到滋养，早恋、网瘾便成了慰藉情感的方式。

有的父母的行为表面上担心孩子，其实是为了缓解内心的焦虑和担忧，孩子在成长中就学会了拯救父母的情绪、拯救别人的情绪。还有些强势的父母，限制和控制孩子，爱自己的想法甚于爱孩子，孩子的自我被拿走，失去了做自己的动力。每一个孩子的成长，都有背后的动力，每一个动力的背后，可能都有我们难以理解的东西。孩子会为了成全父母而放弃成长，孩子也会为了成长，把动力扭曲成问题。

每个成年人都曾是孩子，我们或许都曾想象过当自己做父母的时候，会如何去爱孩子。但我们成为父母之后，似乎又不能理解孩子的那些想法了。当我们情绪急躁的时候，只有一个念头：他怎么这么不懂事？

也许，我们早已忘记了自己童年时的那些内在需求，也无法了解孩子成长的动力。我们只是用自以为正确的方式、对孩子的前途有益的方式，去对待和控制孩子的成长。

　　成长，不仅仅是对于孩子而言的，也同时发生在每一个成年人身上。

目　录
CONTENTS

PART 1 /
父母的情感隔离导致孩子的空心病

PART 2

爱你的孩子，也爱你内在的孩子

PART 3

让孩子学会跟随自己的内心

PART 4

了解孩子成长背后的心理动力

PART 5

我们都是情绪没长大的成年人

PART 1

父母的情感隔离导致孩子的空心病

孩子的生命该由他自己来经历

只有孩子为自己的人生做选择时，他才是自由的，才能成为自己，从而实现自我。

我们常常听人说要实现自我，自我实现。马斯洛需求层次理论里面也谈到，人类最高层次的需求是自我实现。那么，如何实现自我呢？首先，你得是自由的。

一位朋友送女儿去学钢琴，他说孩子最初还挺喜欢音乐的，后来不知怎么回事，越来越不想去练琴，每次夫妻俩带女儿去都得讲无数个条件。

详细了解后才知道，原来他们报了钢琴班，看到和女儿差不多大小的孩子已经参加比赛，还考了钢琴八级，于是也给女儿报了考级班。从此以后，女儿渐渐就不愿意再去碰钢琴了。

艺术教育在当今社会很普遍，家长希望培养孩子的艺术涵养，其初衷是好的，只是有些家长是源于自己未曾实现的愿望，有些则带有极强的功利性，似乎都没有考虑过孩子真正的兴趣，把学习变成了折磨。

兴趣爱好各有不同，但都是天性所致，就好像你肚子饿了想要吃东西一样。如果能给孩子带来快乐，孩子自然会深入地学习，在这个过程中，他会越来越精进，也就实现了自我。当然，从现实层面来看，他也会拿到不错的成绩。

只有孩子为自己的人生做选择时，他才是自由的，才能成为自己，从而实现自我。假若父母对孩子的干涉太多，把自己的意志、自己的兴趣强加在孩子的身上，并且以"一切都是为了你好"为口号，去强迫孩子遵循父母的意志，就是在扼杀孩子的精神力量。

我们经常在新闻上看到学生自杀的事件，而且好像越来越多。很重要的原因是父母的控制、焦虑全部推到了孩子身上。要求孩子学习，安排孩子的一切，关注孩子的分数，控制孩子的课余生活。孩子的精神生命被一点点地掐掉了。

圈养的孩子也许会在焦虑、压力中拿到好的成绩，但不太可能拥有成熟的心智和创造力。特别是我们的中学教育，学习压力全部压到孩子身上。有相当多的孩子，在本该享受青春的时候没有享受，在本该独立的时候没有学会独立，甚至都没有机会去学，错过了心智的成长。到了出来工作的时候，好像什么都不会，没有想法、没有主张，一切都等着别人来安排。

最终，当这个孩子进入社会，谁来安排他的生活？谁也没空去安排他的生活。结果就是孩子躲在家里"啃老"。这时，父母会抱怨孩子没有自主生活的能力，但这个结果，是父母自己造成的。

孩子的生命不该被父母控制，孩子的生命应该由他自己来经历。

被圈养的孩子，他的世界也是个圈圈

控制感，决定了一个人的自我所能延伸的空间。控制的范围，即自我的疆界。一个人的自我能延伸到何处，取决于控制感的范围。

据美国《侨报》报道，不少中国留学生，其内心的忧郁和苦涩让周遭的人们唏嘘。他们家境优越、衣食无忧，却学无所成，甚至荒废了大把的光阴与青春在国外混沌度日，陪伴他们的是日复一日的网络游戏和距离住所最近的快餐。为什么这些孩子在国外的学府里没有成长，而且心智还退化了呢？这还得从他们的国内教育开始分析。

01

很多孩子迷恋网络，是因为现实教育的失败和家庭情感的缺失。我们的教育有时并不是在帮助孩子成长，而是束缚了孩子的发展。一切向分数看齐，忽视对孩子德育、体育、美育的教育，这已不知不觉成了很多学校和家庭的教育准则。

曾有个关于城市独生子女心理特征的演讲，里面提到一个观点：当今都市孩子现实感非常弱。在虚拟的世界才能体会到真实感，在真实的世界里反而有虚拟感，这就是他们的特征。怎么回事？

有个事例：两个玩"手办"的孩子在网上交流，在虚拟世界里捣鼓真实感。他们在网络世界里面交流得情真意切，觉得不够，于是决定线下交流。谁知道，在现实世界见面以后，两人坐在一起居然无话可说，这种感觉太虚拟了，于是两人又相约以后网上交流好。

为什么这些孩子会分不清现实感和虚拟感？因为他们的世界一直处于书本之中，读了一百本书，可能还没真正走出过一公里的路。孩子从小到大的一切现实事务都被包办了，他们只知道好好学习，而我们的学校也没有提供给孩子处理事务的可能性，除了学习和补课没有其他活动。没有和世界的连接，没有更多的户外活动，没有足够的朋友，也没有真实的情感体验。

02

每个孩子都有一颗探索世界的心，它需要被打开，最初在父母身边探索，接着到广阔的世界中去行走。但是在很多家庭中，还没等到探索的种子发芽，就开始把孩子圈养起来。

孩子学走学跑时父母怕跌怕摔，就把孩子圈起来，捆住孩子的手脚，束缚孩子的心灵。这样既省事、省心，又缓解了成年人的焦虑，孩子却变成了温室里的花朵。

在温室里长大的孩子，习惯了稳定的环境。哪怕小小的变化，都会引起他内心的恐惧和焦虑。

恐惧，往往源于未知；未知，往往伴随焦虑。

控制感，决定了一个人的自我所能延伸的空间。控制的范围，即自我的疆界。一个人的自我能延伸到何处，取决于控制感的范围。

被圈养的孩子，自我的疆界非常简单，因为控制感只能存在于一个很小的空间里，进入大的空间，就会让他感觉失控。所以，有相当多的孩子，身体成长起来了，心智发展却停滞不前。

心智是人的心理与智能的表现，即人们对已知事物的沉淀和储存，通过生物反应而实现动因的一种能力总和。心智退化的孩子，没能形成自己的独立人格，遇到陌生的环境，就退行到婴儿状态，超级"宅"，就像是萎缩在子宫里的永恒婴儿。哪怕把他放到广阔的天地之中，也只局限于自己的小世界，不敢迈出半步。

被圈养的孩子，心智也习惯了被圈养，他的世界也只是个圈圈。

03

很多父母为了让孩子能够读一所好学校而竭尽全力。而澳大利亚妈妈露丝却认为，真正的教育不在于学校，因为世界才是孩子的学校。

从2012年至今，露丝已经带着儿子路易斯行走了六十五个国家。一开始，露丝还会在旅程中让儿子每天做点习题，后来露丝慢慢意识到，其实孩子可以通过接触一切事物进行学习。

比如在货币兑换过程中学习数学运算，甚至还引导孩子做预算，学会对金钱的合理分配和使用；在一起制订旅程线路，学习地理；在与各地人的交往中，了解当地风俗习惯和语言；而人文和历史学习，可以直接身临其境，体验每个历史古迹和景观。

我们可以看一百本书，但更需要身临其境地感受真实的世界。这位妈妈说，她并不否认学校的作用。但她更想告诉父母们的是：孩子的学习与成长，永远不应该只发生在教室里。

在旅程中，儿子有了快速的成长，他主动为贫困地区的孩子发起了网络募捐，给残疾卖艺者送去温暖，在爱与被爱中懂得了平等和尊重。

我们常说"读万卷书，行万里路"，所以不仅要读书，更要把所学的知识，放到现实生活中去体验和感受。在教室里学到的，是知识的积累；在生活中体验的，是心智的成长。

看过世界的孩子更强大，因为他们的内在世界稳定又灵活，他们的自我疆界丰富而流动。

把孩子带入一个更广阔的世界中，这是对生命的祝福。

"乖"和"懂事"不该是感谢孩子的词语

这不是在感谢孩子，更不是在表扬孩子，而是在抹杀孩子真实的自我，诱导孩子建立虚假的自我。

为什么家长一直在和孩子强调，要有礼貌，要对别人说"谢谢"，但有的孩子就是不懂说"谢谢"，哪怕家长在旁边提醒，孩子也不肯说？难道说声"谢谢"就这么难吗？是不好意思说，还是不想说？

昨天有一位女士给我留言。她说，假期带着六岁的儿子出门逛街，挤上地铁后，便有位年轻的小伙子站起来给他们让座。她告诉过儿子很多次，当别人给自己让座时，要主动跟别人说"谢谢"。结果，儿子一个字都不说，一屁股就坐了下去，一副理所应当的样子，完全没有对别人表示感谢的意思。

碍于公共场合，她又提醒儿子要说"谢谢"，可是儿子望了望对方，依然不说。这位女士当时就有一种崩溃的感觉。回家的路上，她又继续跟儿子强调礼貌的重要性，甚至详细地举例子，什么场合该说"谢谢"，该对什么人说"谢谢"，什么时候去和别人说"谢谢"。儿子表面上好像都懂了，但是她猜想，可能下次遇到类似的情况还是会这样，这也是她感到很无奈的原因。

后来，我反问了她一句："你一直有提到教孩子说'谢谢'，生活中，你是否有对你的孩子由衷地表示过感谢呢？你是否曾对他真诚地说过'谢谢'呢？"

我们经常会对他人说"谢谢"，而对家人说"谢谢"，似乎就会显得有些生分。特别是对孩子，我们似乎很少说"谢谢"，通常我们会对孩子说"真乖"。比如我们带孩子坐公交车，孩子主动给老人让座了，收到最多的回复，可能不是"谢谢"，而是"真乖""真棒""真懂事"。家里来小客人了，我们请孩子把他心爱的玩具和零食拿出来分享给小朋友，很可能也会对孩子说"乖，你很棒，你很大方"。

我们欠孩子一句"谢谢"，谢谢他的分享，谢谢他的礼让，谢谢他的帮助。谢谢，不仅是表达感激，也是表达尊重。

有位朋友和我分享了她的一次经历：

有一天，她和孩子去楼下玩，走到一楼大堂的时候，看见前面有一位老奶奶，应该是刚刚从另外一部电梯出来，走在她们前面。老奶奶的腿不太好，拄着拐杖慢慢地往外面走，大概是出去散步吧。她们母女俩走得比较快，已经到了大堂的门口。大门是需要先按一下门禁才能把门打开。朋友按了一下门禁，拉开了门，准备让孩子先出去。孩子走到门边的时候，想了一下，也跟着妈妈站在了大门旁边，和妈妈一起拉着门，照顾行动不便的老奶奶先出去。

老人家见状，很有礼貌地和她们母女俩说了两声"谢谢"。让朋友没想到的是，她的女儿也很有礼貌地回复道："不客气！"

朋友顿时被那个场景感动了。因为很少出现成年人对孩子说"谢谢"这种情况，即便是在自己家里，姥姥、姥爷通常也只是对孩子说"真乖""真棒"。

更想不到的是孩子当时的回应，孩子自动反应地说了句"不客气"。朋友说她在平时几乎没有听到过孩子这样的回复，但显然孩子在日常生活中，已经记住了这句话。孩子在成年人之间的交往过程中，已经学会了如何使用"谢谢""不客气"等礼貌用语，她知道这些话语应该在什么场景下使用。

等这位老奶奶出了大门之后，还回头微笑着对她的孩子说："谢谢你，小姑娘！"她说当时真的是从心底感受到，老人对孩子说的一句"谢谢"，背后是两个平等人格之间的相互尊重。孩子感受到了对方的感谢和尊重，同时也学会了如何感谢他人的帮助。

成年人之间的交往，建立在一个相对平等的态度上，别人帮助了我们，我们会跟对方说"谢谢"，而不会说"你真乖""真懂事"。父母与孩子之间，相互尊重的情感更容易交流。这不仅是亲子之间的情感关系，也是两个独立人格之间相互的平等和尊重。同时，这种人格之间的平等和尊重，更有利于孩子社交技能的提升。

然而，为什么常常在面对孩子时，我们要对孩子说"乖"呢？

"乖"是什么？乖，是成人给孩子提供的一种正确的生活方式。当我们要求孩子"乖"的时候，其实是带入了我们内心深处的一些恐惧。比如家里来客人了，有些父母会让孩子和客人的孩子分享玩具，通常会对孩子说"乖，你好棒"。其实，我们担心的是，如果孩子没有这样做，而对方的孩子又哭了的话，我们和亲戚朋友之间就尴尬了。

或者当孩子发自内心地礼让或分享时，我们不对他说"谢谢"，而是跟他说"你好乖呀"，其实这没有尊重孩子行为背后的动机，而是用了另外一种方式，告诉了孩子：你要活得"正确"，是这样才算好孩子，这样才对。这不是在感谢孩子，更不是在表扬孩子，这是在抹杀孩子真实的自我，诱导孩子建立虚假的自我。

与人分享和帮助他人，本来就是建立在内心自愿的基础上的，是真情实意的，而不是迫于外界的压力或讨好他人的需求。"正确"之所以显得如此重要，是因为我们在童年时期，也是以这样的方式成长的。只有符合父母认可的正确方式，才能够被父母接受，才能够被大众接收，才能够被社会接受。当我们成了父母，也在不经意地把"正确"的生活方式灌输给孩子。

所有的孩子都渴望得到父母的认可。当孩子发自内心地和你分享的时候，当孩子主动帮忙做事的时候，"谢谢"才是对孩子最好的认可，谢谢孩子才能够看到孩子的真自我，让孩子去追寻他真正的价值。

活着，是为了证明自我存在的价值。乖、听话，是好孩子的存在价值，但不是一个有生命力的孩子的存在价值。真正的生命力，是能够听见自己的声音，尊重自己的感受。这样的分享、礼让，才是发自内心的分享和礼让。

尊重孩子，请在孩子与我们分享的时候，在孩子帮助他人的时候，真诚地对孩子说声"谢谢"！

你曾因为焦虑而强制孩子吃药吗

作为父母，我们首先要处理好自己的焦虑情绪。我们要尊重孩子的感受，并尽可能地给孩子缓冲的时间。

最近几天，广州的天气不断地在夏天和秋天的模式间交替更换，真是难以适应。终于，家里的小朋友感冒了，外寒内热，还伴有咳嗽。于是，我们就去了一趟医院，医生给我们开了几服药，叮嘱要晚饭后才给孩子喝。

傍晚时分，我们带着孩子一起到楼下小区里玩，算着差不多到开饭时间了，就回到家里吃晚饭。孩子奶奶已经在家做好了饭菜，女儿的药也煮好了。不知道是孩子胃口不好还是天气原因，女儿说她现在肚子不饿，吃了几口就不打算再吃了，一个人去客厅玩玩具。奶奶很快也吃好了，坐在客厅沙发上陪孙女玩。

"奶奶等会儿要出去散步了，你要跟我一起出去走走吗?"

"不要，我想在家里玩一会儿，我才刚刚回来没多久呢！"女儿拒绝了。

奶奶说："好吧，那我待会儿自己出去散步啦。"然后就去房间换衣服，准备出门。

我们也快吃完晚餐了，再看看煮好的药，也不烫了，温度刚好可以入口。就到厨房里把药端了出来，放在了餐桌上，打算吃完饭再给女儿喝药。这时女儿从客厅跑了过来，边跑边喊："我还要吃一口菜……"正巧看到了妈妈把中药端了出来。于是，她不动声色地坐到餐桌旁，吃了一小口菜。

"我吃好了，我想找奶奶玩！"然后跑过去喊奶奶，奶奶已经走到门口了。

女儿边跑边喊："奶奶，奶奶，我现在又想和你出去散步了，我想出去玩儿！"

"好哦！"奶奶很高兴，"但是，你刚刚不是说不想去吗？你下午都出去玩儿了。"奶奶对孙女突然的选择有点反应不过来，虽然她平时就很喜欢带着孙女出去玩儿。因为奶奶并不知道，女儿刚才的决定，是在看到我们把药端出来之后才做的。

我们相互对视着笑了一下，没有说什么。

"爸爸妈妈再见！"很爽快地，女儿就跟奶奶出去散步了。坐在餐桌边，我们再次忍不住笑了起来，小家伙真会耍小聪明啊！她看到妈妈把药端出来，就知道了待会儿要喝药，我们不由得赞叹她的反应太快了。因为她以前喝过中药，一个字，苦！苦味儿是大部分孩子都不喜欢的。而就这么一瞬间，她的思维就调整到——赶紧借着出去散步的机会躲开喝药的环节。

女儿没有正面和我们说不想喝药，而是很巧妙地，在跑过来想和爸爸妈妈多玩一会儿，或者在餐桌上再吃点东西的时候，耍了个小聪明，不动声色地吃一小口菜，然后说要跟着奶奶去散步。

当我和朋友分享这件趣事的时候，朋友问我为什么不当面点破她，为什么不当面说她得先喝完药再出去散步？

"我要允许孩子耍点小聪明。"我引用我妻子的话回应。

毕竟喝药是一件挺苦的事，孩子自然不想去接受，至少那一刻她不能马上接受，所以她需要缓冲一下。缓冲一下，她才能够慢慢地接受这件事情，至少，从心理上先知道要喝药了，而不是突然就要她面对。

而且她当时很机智地耍点小聪明，她的目的，当然是不想被爸爸妈妈发现，我们如果第一时间就点破，不就伤害了她的自尊吗？如果这件事情不是非常紧急，不是非如此不可的话，为什么不适当地尊重和维护孩子的尊严？至少要让她觉得，她的计谋成功了。

更重要的是，这样等于允许孩子用她自己的方式，去缓冲一下她不能面对的事情。这比我们只是对着孩子说"要勇敢、要坚强、不哭啊"之类的话要好得多。只有这样，她才可以更尊重自己的感受，如实地面对喝药给她带来的痛苦体验。

我知道作为父母，在孩子生病的时候会焦虑、着急。更希望孩子生病的时候，可以顺利地把药吃掉，尽快恢复健康。大部分药都是苦的，有过吃药体验的孩子就会知道：这是我不喜欢的味道啊！他就会选择用他自己的方法去避开这道程序。

我们需要去理解孩子的感受，虽说药最终还是要吃的，然而我们可以在让孩子吃药的这个过程中，尽可能地给予孩子支持和理解。既尊重孩子的感受，也要允许孩子自己去面对，而不是让孩子觉得吃药是父母逼着自己去做的一件事情。最好让孩子心里有一个缓冲区。

因为孩子不想去面对吃药这件事，父母就很焦虑。于是，我们会用尽一切的手段，用尽各种各样的方法威逼利诱，以期达到让孩子吃药的目的。比如骗孩子说"不苦的"；或者对孩子进行恐吓，"你不吃药，你的身体将会如何，你的病将会怎么样"；又或者诱惑孩子，"你吃完药，我让你玩手机，我给你颗糖"，等等。

这样做的目的，表面看来是为了孩子的健康，实际上却是为了缓解父母因为孩子不吃药而产生的焦虑。同时，也转移了孩子对吃药的真实体验，让孩子感受到父母的焦虑。甚至有些父母在特别焦虑的情况下，还会强制给孩子灌药。

这样做会让孩子的自我体验非常差，也许身体会在药物的作用下康复，但在孩子的心里，一定会越来越抗拒吃药，因为他觉得这是个很痛苦的过程，更痛苦的是，他来不及心理缓冲。父母是最可以依靠的人，最能够给孩子支持和力量的人，如果你因为自己的焦虑而把孩子推出去，甚至强行打针、吃药，就是在间接地破坏孩子的安全感，更会导致每次要打针、吃药的时候，孩子就越加恐惧，越加哭闹和反抗。

如何面对？

作为父母，首先我们要处理好自己的焦虑情绪。对于孩子，我们要尊重孩子的感受，并尽可能地给他心理缓冲的时间。如实地告诉孩子，药是苦的，打针是会疼的，我们都不喜欢。但是因为生病了，所以需要去吃药、打针，让自己的身体好起来。如果孩子还没准备好，可以再等一等，或者和孩子约定一个非常具体的时间。比如，再等十分钟就喝药。如果孩子觉得恐惧，还可以让他哭出来，并且告诉孩子，爸爸妈妈会陪着他。

这样，孩子就有了一个心理缓冲区，这件事情在他的心里已经彩排过了，他会明白，这件事情最终还是需要去面对的，虽然面对的时候的确会难受。孩子会在父母这里得到一些力量，支持他去面对。

不被打扰，是孩子成长的奢侈品

我们常常把"做什么"视为爱的表现，但很多时候，父母"不做什么"才是爱。

前段时间和一个朋友聊天，他说现在的孩子很幸福也很可怜。幸福之处，是有更好的物质条件并受到更多的关注；可怜之处，是现在大多数的孩子，都身处于一个孩子和六个大人（父母、祖父母、外祖父母）的格局之间，常常要受到不同成年人、不同信息的轮番干扰。不被打扰，成了孩子成长的一种奢侈品。

01

一个周末，我们一家三口去逛商场，女儿发现有个儿童绘画区，那里可以让孩子们画画，也方便带孩子的家长坐下来休息。工作人员会发给小朋友几张绘画纸，还有一些公用的水彩笔可以自由地使用。女儿坐下来，很认真地开始画画了。

坐在旁边的另外一家人，是一家五口带着孩子出来玩，他们的孩子也在画画。我发现那个孩子隔一会儿就会哭喊几次，孩子在画画的时候，他的家人都在不断地打扰他。

"这里不是这样子画的！这个应该用这种颜色！"

"你赶紧画呀，你怎么这么不专心？"

"画画的时候你就专心画画呀！你在这里发什么呆看什么呢？"

那孩子哭得最伤心的一次，是因为孩子的爷爷把孩子的画笔抢过来，在孩子的图画纸上涂上自己喜欢的颜色，还告诉孩子："这个就应该这么画，知道吗？"

孩子哭喊着想要拿过自己的画笔，孩子的父母还拉着孩子的手告诉孩子，爷爷在教他画画。没有一个人理会孩子的感受。

其间，孩子的奶奶还多次打断孩子，让他看其他孩子的画："你看你看，姐姐画得多好，多漂亮，你也要这么画呀。"

我女儿把自己的画纸涂好了，开心地准备和我们分享她的作品。旁边那小男孩的奶奶突然把我女儿的图画纸拿了过去，对着孩子说："你看看姐姐画的画，你也该这么画呀。"

女儿对那小男孩的奶奶大声地说："还给我，这是我的！"

然而，小男孩的奶奶并没有听到。她还在不断地对自己的孙子说该怎么样画画。我忍不住站了起来，跟她说请不要打扰孩子，请把画纸还给我们。我连着说了两次，老人家还是没有听到，完全沉浸在自己的世界里。

最终，孩子的妈妈说："快把东西还给人家，怎么可以随便拿人家的东西呢？"老人家有点不好意思，但瞬间又转过去对着孙子说："看到没有，你看看别人怎么画画的，你要专心，你要……"

女儿拿回了自己的作品，很快也恢复了情绪，马上就开始继续画第二张图。而对面的孩子，比我们先坐在画桌旁，却一张图画都没画完。

经典儿童绘本《点》的作者彼得·雷诺兹说："我常常问教室里的孩子，谁爱画图？幼儿园和小学一年级的小朋友几乎全部举手，但是到了四五年级，大部分孩子都不举手了。看到孩子们的创造活力逐年下降，最后全部消失，实在令人惋惜！其实，当我们拿起画笔时，应该一头冲向那未知的、丰富无比的创作世界！"

也许，并不是那个孩子不想画画，而是他旁边的人在不断地打扰他，他的专注力已经被旁边的大人给破坏掉了。长期下去，只怕会把孩子绘画创作的兴趣都磨灭了。当你的孩子不能够专心去做一件事情，也没有办法专心去做一件事情的时候，作为父母，要看看自己是否过多地干涉和打扰了孩子的节奏。

02

记得有一年春节，我们带女儿回老家玩。逢年过节，免不了亲朋聚会。在餐桌上，亲戚朋友看到女儿可以独自吃饭，并且吃得很专注，都觉得很惊讶。大家都知道我在做心理方面的工作，就不断地问我用了什么办法，是如何教孩子的，为什么孩子可以自己吃饭，还吃得这么好呢？

再看看其他带着孩子的亲戚，除了一些年龄较大的孩子外，几乎每个孩子都有一两个大人去喂饭。要么抱着喂，要么追着喂，或者大人在聊天的时候，过一会儿就喊孩子吃一口，一餐饭差不多要喂一个小时左右。当时女儿大概两岁半，尽管偶尔也会掉些饭菜在桌面上，但她吃得很专注，亲戚看了都很惊讶。

我告诉他们，我并没有刻意去教育孩子，也没有去要求她，就是让她自己吃。当她觉得吃饱了，我们就相信她是饱了，当她不想吃饭的时候，我们也允许她不吃。如果大人可以尝试着不再去喂饭，孩子很快就学会自己吃饭了，而且会越吃越好。可当我说这些的时候，亲戚们不但不相信，而且有很大反应。

"不吃不行的，小孩子懂什么？"

"吃两口她就说不想吃了，她吃饱了，她懂什么是饱啊。"

"不吃他会饿的，不喂他他都不吃。"

也许，这就是问题所在。我们都知道，刚刚出生的婴儿饿了，都会哭着喊着要奶吃，为什么两三岁的孩子会不知道饿呢？

正是因为孩子从小被强迫着喂饭，他自己吃饭的节奏被打乱了，甚至丧失了自己吃饭的能力，也丧失了体会饿的感觉。也许我们都从未想过，孩子可能是在以不吃饭这种方式反抗，告诉我们，他不想被打扰，他想做自己。

孩子的个人意志或其他方面的能力也是这样，在我们成年人的干扰之下，会慢慢地丧失。喂孩子吃饭；逼孩子穿衣服；当孩子画画时，告诉他怎么画；当孩子想自己完成某件事情的时候，你主动帮他完成了……

网络上流传着一个段子：有一种冷叫妈妈觉得你冷。大家谈的就是父母对孩子意志的强加。而这种意志强加的坏处，就是打扰了孩子成长的节奏。孩子不自己去体验冷，就不能真正地体会到什么是冷，更不知道冷了需要加穿衣服。

国内著名的心理学家曾奇峰说："如果养育者在养育孩子的过程中，距离孩子太近，过度包办代替，过度控制，过度指责，就构成了对孩子自我功能的剥夺。这样的孩子长大后，就会有很多人格不独立的表现，好像一定要有人补救性地帮他做点什么，他才是一个完整的人。"

幾米漫画《我的错都是大人的错》中有句话："大人喜欢嘲笑别人的孩子是温室里的花朵，却又努力培养他们自己的孩子成为温室里的花朵。"

很多父母会觉得，我都是为了孩子好，一切都是为了孩子，这是爱孩子的表现。但是，没有从孩子的角度去想一下，他是否需要这些，他是否真的需要你的帮助，他是否有主动请你帮助。等孩子稍大一些，你又是否为此评价过他："我的孩子，从来都不主动吃饭；我的孩子，画画的时候很不专心。"

03

孩子渴望独立的空间，渴望伸展自己的手脚，尝试自己的力量，这是一个生命成长的必然规律。如果我们做父母的，不能意识到这一点，无法放下"都是为了孩子好"这种密不透风的爱，我们就会在不经意间打扰了孩子成长的步伐。

就像前面讲的那个例子，父母、祖父母都在孩子画画的时候，尝试着把自己的想法强加到孩子的身上。告诉孩子要如何画、要如何专心，然而每一次说这些话的时候，都在不断地打扰着孩子的自我探索。我不知道这个孩子平时生活的其他方面是怎么样的，但我基本上可以判定，这个孩子对于画画，会越来越不感兴趣了。

让幼小的孩子独自探索，是一件无比重要的事情。比如当一个蹒跚学步的孩子想去拿一个玩具，他真正需要的，不仅是那个玩具，更是自己去拿玩具这件事情，是拿玩具这个过程。如果这个时候，你出于"好心"主动帮孩子，主动替孩子拿玩具给他，你很可能打扰了孩子自己尝试独自完成这件事情，探索这件事情的过程。

很多人认为孩子的能力是专门培养的结果，其实恰恰相反。越是被培养的孩子，他的个性、他的能力发展就越容易受到限制。《好妈妈胜过好老师》的作者尹建莉老师就说过："不限制就是培养，一个缺少尝试、不犯错误的童年是恐怖的，它并非意味着这个孩子未来活得更正确、更好。也许恰恰相反，由于没有童年探索的铺垫，他的认知基础反而很薄弱，在未来的生活中不得不花费更多的力气去辨识世界、适应生活。"

干旱时节，小树为自保把叶子蜷缩起来。园丁A看到表象理解本质，及时补水；园丁B不管，小树熬到下雨也活了下来；园丁C很爱控制，因为叶片伸展有助于吸收阳光，茁壮成长，所以他不辞辛劳地把叶子一片片掰开。父母若不懂爱，也不要自作聪明，掐断孩子最后的自救活路。

　　我们常常把"做什么"视为爱的表现，但很多时候，父母"不做什么"才是爱。

　　当孩子尝试着独立去完成一件事情的时候，我们只要在旁边陪伴着、守护着他，然后看着他独立完成这件事情，就足够了。我们要做的，是在他探索的过程中，帮他排除那些可能会遇到的危险。当他遇到挫折向我们求助的时候，给予他必要的帮助和情感的支持。

孩子的作业，不是缓解父母焦虑的工具

父母能做的，是陪伴孩子的成长，给予情感的支持，而不是把孩子的自我功能
承包了。

最近，朋友圈在刷《小蝌蚪找妈妈》外传版的故事：

小蝌蚪们开开心心地来到妈妈身边："妈妈！妈妈！可找到您了！"
青蛙妈妈问："作业写完了没？"
"走吧，她不是我们的妈妈。"
小蝌蚪们四散逃开。

有网友说，"作业写完了没"这句话真的扎心了，因为自己从小就
是这么过来的。
这扎心一问，问出的是多少家庭情感的阻隔。难怪小蝌蚪们说：

"走吧，她不是我们的妈妈。"

因为孩子已经搞不清楚，妈妈到底是爱自己还是爱作业。

01

很多父母都在说自己的孩子学习不努力，写作业不认真。那怎么样才算是努力和认真？

有位网友在微博上分享说，她读高三那年，学习压力很大，每天早上六点左右就要起床，晚上差不多十二点左右睡觉。其间除了吃饭、上厕所，几乎一直在看书、做习题。为了节省时间，家里安排她住在学校。周六放假可以回家，周日下午前又必须回到学校，每周只在家里待一天。但是每次回家，想在自己房间好好玩会儿电脑、睡个懒觉的时候，父母总会说："还不抓紧时间认真学习？回来就知道玩，这个时候不努力，以后你就要努力找工作。"

她说每次回家，都会和父母因为这样的事情闹得不愉快。她觉得自己已经够累了，平时学习也算很刻苦，为什么只有一天的时间待在家里都不能放松一下？终于有一天，她质问了一下父母：怎么样才算努力？如何做才算认真？

爸妈一下答不上来，这个好像还真没有具体的标准。

于是，老爸大家长的威严放出来了："我说你不认真就是不够认真。"

这位网友忽然发现，原来努力和认真的标准就是，无论父母什么时候来看你，你都要处于正在看书、做题的状态。她说，以至于后来，她宁可选择周末待在学校宿舍也不回家。因为待在宿舍，父母还会打电话过来问候一下，尽管也问学习，但起码还会问吃得好不好、睡得怎么样，多少还有情感的交流。但如果回家了，他们之间的情感就仿佛被切断了一样。

02

想象一下，如果你工作了一天回到家里，想先在沙发上来个"葛优躺"，结果你的老公问道：饭煮了没有？家务做了没有？试问，你心情会如何？也许段子手们就可以再出一个"小蝌蚪找妈妈番外版之他不是我老公"。

也许很多人会说，学习对孩子来说是非常重要的事情，当然要严格要求。是的，学习很重要，但再重要也抵不过子女和父母的情感交流。如前文所说，只和孩子谈学习的父母，通常是在隔离自己的焦虑情感。

孩子没有看书，父母焦虑；孩子分数下降，父母焦虑；孩子放松休息，父母焦虑。父母为了释放自己的焦虑，孩子们就会在家里听到：学习怎么样了？作业做完了没有？考试考了多少分？

03

有位朋友说，以前他也会盯着孩子写作文。但偶然的一次共情，让他对儿子有了更多的理解，对自己也有了更深刻的觉察。

儿子的作文成绩一直不太好。有一次，他儿子有份作文的作业，已到晚上十点了，才写了几段，孩子写不下去，正在发愁。他是个理工男，作文水平也不高，所以总想着要让儿子提高这方面的功课。但是看着孩子写作业写到这么晚，既焦虑又心疼，他不知道该怎样帮助儿子。因为自己的作文水平也不怎么样，所以能感同身受吧，他对儿子说："写不出来很难受是吧？"

儿子没有回答，只是点了点头。父子俩沉默了一阵儿。看看时间确实挺晚了，朋友对儿子说："要不就先不写了，睡觉去。明早可以早点起来再继续。"

他以为孩子会马上去睡觉，没想到儿子对他说："今天的事情想今天完成。"

朋友当时就觉得有点惭愧，自己还不如孩子，盯什么作业呀？作文写得好不好有什么关系呢？能对自己有这份负责任的态度就已经很不错了。他马上意识到，为什么自己要盯孩子写作文？不就是因为自己的焦虑嘛。

04

学习是谁的事情？写作业是谁的事情？孩子都知道，但是父母越界了。父母能做的，是陪伴孩子的成长，给予孩子情感的支持，而不是把孩子的自我功能承包了。

孩子因为各种原因，难免有未能及时完成作业的情况。父母常常因此咆哮道："作业怎么可以忘记写呢？"很多父母会逼着孩子写完作业。于是，父母又承担了孩子对自己负责的功能。忘记写作业的后果本该是谁来承担？为什么我们无法忍受让孩子自己去承担这个责任？你以为逼着孩子去写作业就是让他承担责任了吗？其实那是在逼迫孩子承接父母的情绪。

看到过一则新闻：一个十四岁的女孩因为作业多而出现了幻觉，总觉得有人要害她。这位女孩的妈妈说，女儿本来就个性要强，只要是老师留的作业她都会完成，不管要做到多晚。但自从女儿上初中后，每天都要做很多试卷，题目难度也大。她跟着焦虑得不行，孩子作业写不完，就不让她睡觉，经常写到晚上十二点，最晚一次写到了凌晨三点。

越是这样，孩子在学习上反而越困难了。现在导致孩子精神上出现了问题，要带去看心理医生。这位妈妈说，此时她才幡然醒悟，有什么能比得上孩子健康快乐地成长呢？

父母对孩子释放焦虑情绪的后果，就是切断了亲子之间的情感流动，孩子变得更讨厌学习了，严重的甚至产生心理疾病。有的孩子为了缓解父母的焦虑，假装在书桌前认真地看书、做作业，但这真的是父母想要的结果吗？

　　学习，自然会碰到难题，肯定会遇到挫折，也难免想要逃避。试问有哪一个做父母的成年人，当年没有遇到过这些情况？当我们碰到难题和挫折的时候，是否也想得到支持？当我们焦虑和逃避的时候，是否也需要宽容接纳？

　　在孩子学习的过程中，我们做父母的应该给予孩子更多的情感支持，而不是传递负面情绪。别把孩子的作业，当作缓解父母焦虑的工具。

孩子为何容易被诱惑

孩子之所以容易被诱惑，一方面是物质的需要，一方面是情感的缺失。

有人曾做过一个街头实验，实验者分别问三个孩子的母亲：如果他过去跟她的孩子说话，孩子会跟他走吗？所有的母亲都说自己的孩子不会。

可是，实验者分别问三个孩子："你愿意跟我一起去看小狗吗？"

三个孩子都同意了。

几个孩子的妈妈说："几乎每天都在教育孩子，不要跟陌生人说话。"然而，最后的结果让人跌破眼镜。

孩子在生活中可能会遇到陌生人的诱惑，对此我们可以做些什么呢？

　　先说个我自己的经历。接女儿从幼儿园回家，会路过一个草地公园，里面有些休闲健身的公共设施，常常有孩子在草地上玩儿。女儿也不例外，每次回家的路上都喜欢在那里逗留一会儿。

　　有一次，女儿正在草地里玩耍，有两个小女孩也来玩，都是附近幼儿园的孩子。女儿看到有同龄的孩子，便来到那两个孩子旁边，也想加入她们。那两个孩子都是由妈妈带过来的，随身准备了一些水果。女儿在旁边看着，她没有说话，也没有离开。

　　我觉得这样不礼貌，或许也是我自己觉得别人吃东西她在旁边看着，有点不好意思。于是我对女儿说："我们已经玩了一会儿，该回家了。"

　　但是女儿没有回应我。其中一位妈妈便对自己孩子说："也给这个妹妹分一点吧。"

　　当时那个孩子可能并不想分享自己的食物，我又再次对女儿说了一句："我们该回家了。"

　　女儿可能感受到了我的情绪，这才跑到我身边。我牵着她的手，慢慢离开了草地。本来我想和女儿谈谈，站在别人旁边看他（她）吃东西是不礼貌的。但看着女儿低着头，兴致不高地走着，我就忍住没说出来。走了一会儿，我决定先从女儿的感受谈起。

　　我问她："刚刚在草地上，你看到别的小朋友有好吃的，你也想吃是吗？"

　　她点点头。

　　我说："爸爸知道了。如果你想吃东西，可以直接告诉爸爸妈妈，我们也可以准备好吃的给你。"

　　说到做到，我马上就带她去商店，让她选了个零食。女儿很满足。

　　我当时忽然联想到，孩子之所以容易受到诱惑，很有可能是在家里没有得到相应的满足。但是我们又不可能什么都满足孩子，该怎么办？

　　第一，去了解孩子的心理需求。比如我的女儿当时看到别的孩子有东西吃，自己没有，她的内心是失落的。我只考虑到成年人觉得没有礼貌，却没有立即看到孩子的失落。幸好后来我告诉了她，她想要什么，可以和父母提出要求。表面上，我是在满足她想吃东西的现实需求，实际上，她的内心得到了更大的满足，她知道我可以理解她，也愿意在一定层面上满足她。

孩子之所以容易被诱惑，一方面是物质的需求，一方面是情感的缺失。曾有个用手机来做诱饵的诱拐实验，测试者在手机里面安装了一些游戏，先是用游戏吸引孩子的注意力，过一会儿便告诉孩子说手机没有电了，问孩子是否要跟他去充电，继续玩。被测试的孩子几乎都愿意跟着这个陌生人走。

孩子为什么沉迷于手机游戏？一方面是受身边环境的影响，因为我们身边有太多"手机爸爸""手机妈妈"，孩子自然容易沉迷在手机的世界里面；另一方面，是孩子在成年人那儿获得的情感连接太少、陪伴太少，所以只好找手机陪伴。

第二，给孩子足够的陪伴，无论是在家里还是在外面。很多家长陪孩子外出的时候，会小心谨慎地看好孩子。但是，带孩子在小区附近玩的时候，却未必能认真地陪伴。

曾经看过一则新闻，说带小孩的几个阿姨光顾着看手机或聊天，不管手推车和孩子，结果孩子丢了还没发现。要知道，每一个被诱拐的孩子身边，都少了一个用心看护的大人。当我们沉浸在自己的世界里，完全不顾孩子的时候，孩子被诱惑的概率就大大增加了，甚至可能就发生在你眼皮底下。

孩子对外面的世界有着强烈的好奇心，我们需要给孩子灌输一些安全知识，但单向的灌输教育并不是万能的，培养孩子的自控力也只是一个方面。不要让孩子脱离你的视线，安全知识的教育、物质的满足、情感的需求，缺一不可，这是每一位家长应尽的责任。

父母的情感隔离导致孩子的空心病

在现代化的生活中，孩子的现实感很弱。在虚拟的世界体会到真实感，在真实的世界里却有虚拟感，这就是他们的特征。

北京大学心理学博士徐凯文有个演讲——《时代空心病与焦虑经济学》，非常值得我们关注。

徐博士讲了几个来访者的故事。他们都是高考时在千军万马中杀出重围、成绩优秀的学生，然而他们都得了"空心病"。他们感觉，从来没有为自己活过，也从来没有真正地活过。他们的人生似乎只有学习好、工作好，却并不知道自己为什么要活着。

"空心病"的表现看起来有点像抑郁症，但若采用治疗抑郁症的药物或手段，却没有效果。这些优秀的孩子们，有强烈的孤独感和无力感，并没有自杀的想法。他们只是不知道，为什么要活下去、活下去的意义是什么。

"空心病"是怎么来的？徐凯文博士说，是因为焦虑。而我们生活中最大的焦虑，就在教育上。我们的教育并不是在帮助孩子成长，而是在毁掉孩子。一切向分数看齐，忽视对学生品德、体育、美育的教育，这已经成了很多学校和家庭的教育观。

而一切跟学习无关的事情，都被视为洪水猛兽。很多孩子迷恋网络，那是现实教育的失败。我们常常不去检讨自己的问题，而是把孩子推向"网瘾学校"，把责任推卸给网络游戏。

01

我想起了几年前看过的一则新闻：一个成绩优秀的孩子，因为网络游戏账号被盗，跳楼自杀了。他的父母哭天喊地地要求政府打击一切网络游戏。我记得当时的电视媒体评论员说，只是因为游戏账号被盗，这娃也太"玻璃心"了。真的有这个必要吗？真的有那么重要吗？

还真的有那么重要，为什么呢？

华东师范大学的陈默教授有一个关于城市独生子女心理特征的演讲，陈教授提到一个观点：当今都市孩子的现实感非常弱。

在现代化的生活中，孩子的现实感很弱。他们在虚拟的世界体会到真实感，在真实的世界里却有虚拟感，这就是他们的特征。简单来说，就是很多孩子分不清现实感和虚拟感。

为什么会分不清？

因为他们的世界一直处于学习状态，孩子从小到大的一切现实事务都被包办了，他们只知道好好学习，而学校也没有给孩子提供处理事务的机会，除了学习和补课，没有其他活动。

没有和世界的连接，没有更多的户外活动，没有足够的朋友，没有情感的连接。陈默教授说，当今都市孩子现实感非常弱是教育的结果。

他们反而在网络世界中，能够找到现实生活中得不到的情感，他们的话在网络上有人听，他们的情绪在网络上有人理解。甚至网络游戏中的那些任务，能够让他们体验到合作的快乐、团队的荣誉、胜利的成就感。这些都发生在虚拟的网络世界，却给了他们实实在在的真实的情感体验。

所以，对于那个因为网游账号被盗而跳楼的孩子来说，他失去的不只是个账号，而是真实的情感体验，甚至是他与这个世界的连接。

02

如徐凯文博士提到的，他的来访者——那些优秀的孩子们，他们只知道要学习好，要工作好，但并不知道学习好和工作好到底是为了什么，他们的自我价值无处体现。为什么会这样？他们为什么迷失了自己？

因为他们缺少情感的连接和滋养，在现实生活中找不到情感依托。心理学专家武志红先生说："关系便是一切，一切都是为了关系。"但是他们在现实生活中，只有学习，没有关系。

再看看家长，作为父母，我们把时间和精力花在了哪里？我们是否给过孩子真正的爱和陪伴？我们和孩子谈论最多的话题是什么？是今天发生了什么有趣的事情：他交了什么朋友，他参加了什么活动，还是仅仅是学习怎么样了：作业做完了没有，考试考了多少分？

为什么我们不能和孩子有更丰富的情感连接？为什么大多数父母和孩子在一起的时候只能谈学习？

03

父母与孩子谈学习，也许是一种情感隔离。隔离什么？隔离那些焦虑的情感体验。

徐博士说，"空心病"是时代的"空心病"，并不仅仅是孩子的空心，整个社会也空心了，因为现今的中国社会越来越焦虑了，我们的教育更是焦虑到只有功利、精致利己。

在很多家庭里，父母与孩子之间的情感是隔离的。很多的父母没有办法，也没有学会和自己的孩子去分享情感。所以，很多父母在面对孩子的时候，唯一的话题就是——学习。

我们可以留意到，在很多家庭里，特别是有中小学孩子的家庭中，学习是孩子最重要的事情，甚至是唯一的事情。而这时候的父母与孩子之间的情感连接是很少的，孩子无法在家庭生活里体验到父母的爱。因为在家里唯一可以和父母聊起的话题就是学习，这也是造成很多孩子厌学的一个重要原因。

有的孩子学习成绩不好，是因为他们在学习上，处于被家庭和学校逼迫的状态，被逼着去做一件对他们的未来很重要的事情。孩子生来对世界都是充满好奇和探索精神的，但家长常常会愚蠢地把孩子天然的学习动力，变成父母的意志强迫。

04

我们经常听到家长对孩子说："如果你成绩不好，以后就找不到好工作；如果你成绩不好，以后你就没法生存。"

这让我想起了一则新闻：一个男孩考试成绩不理想，父亲说等晚上回家收拾他，男孩就自杀了。很多父母总是在跟孩子强调，你必须表现优秀，你必须成绩好，这样我们才能爱你。不优秀，不配活。这会极大地伤害父母与孩子之间的情感。同时，也让父母与孩子之间的情感注入了功利主义。

这种功利主义还表现在，当孩子取得优异成绩的时候，父母说"不要骄傲"，父母依然会进行情感隔离，很冷静地告诉孩子"你要继续努力"。孩子本来是想和父母分享他的喜悦的，但一盆冷水浇下来，孩子会觉得，自己永远都无法享受到成功的乐趣，因为自己永远都不可能达到父母的要求。

当孩子渐渐长大，这种深入骨髓的潜意识心理，会让他变成一个总是对自己不满意的人，因为他从来都没有让父母满意过。很多人都是这样，活了一辈子，永远也不能让别人满意，也无法让自己满意。我们可以想象，当他们成为父母的时候，会如何去实现对孩子的教育观。

05

那么，我们可以做些什么呢？

首先，最重要的是分清哪些是孩子的问题，哪些是自己的焦虑。网络上有个段子，说让父母内心平静的最好方法，就是坐在书桌前装模作样地看书。当孩子这么做的时候，父母和孩子之间的关系已经倒置了。本来在学习问题上，孩子是需要父母的情感支持的，但父母往往比孩子更焦虑，孩子为了安抚父母，还不得不腾出精力来装模作样。学习是孩子自己的事情，父母的功利主义，反而让孩子丧失了学习的动力，变成为父母而学。

其次，孩子的心灵会在家庭情感中得到滋养和成长，而父母和孩子之间，本该有很多情感的连接和体验，切勿只和孩子进行关于学习的交流。

最后，多拥抱你的孩子，让他能够体验到融入真实世界的感受。

内在安稳的父母是给孩子最好的礼物

尽管焦虑，我们还是要紧紧地抱住她，告诉她："爸爸在，妈妈在。"

有一天，社区卫生防疫站打来电话，因为孩子已满十八个月，需要接种麻腮风疫苗，这是国家规定的（强制免疫）疫苗，防疫站有登记备案，所以工作人员电话通知我们尽快带孩子去打针。

我们家的小朋友当时已二十个月了，因为没有时间，所以就拖着没去打疫苗。而且最近疾病传播严重，再接到防疫站的电话催促，不免有些焦虑。看看孩子的疫苗接种证上面写的接种时间，十八个月以后除了这针麻腮风，还要再打一针白百破。一次要挨两针，真心疼小家伙。担心归担心，该打的疫苗还是得打。

第二天，我们去了社区卫生防疫站。每次打针，我和妻子都会协调好时间一起来，并且在打针之前，我们会告诉孩子：要准备打针了，会有些疼，觉得疼的时候可以大声哭出来，爸爸妈妈都陪着你。
从孩子第一次打针一直到现在，无论她能否听懂我们的话，我们每次
都会这么跟她说。同样，这次也不例外，我们依然在打针之前就告诉
她。她只是觉得这个地方有些眼熟，但是当我们提醒她要打针，而且
今天会连着打两针的时候，小家伙的脸色一下子不那么灿烂了，又带
些困惑的表情。

　　终于轮到我们了，医生循例会问下名字、年龄及当天是否生病之
类的问题，也明确地告诉我们，今天要连着接种两种疫苗。小朋友这
时可能完全想起来了，这里是打针的地方。于是，她不肯坐过来。医
生开始催促："来，过来，往这边坐一些，家长抱紧一点。"

　　我们没有坐过去，因为孩子明显不肯，她还没准备好去面对打针
这件事。小朋友拉着我们的手要往外走。我们只好再告诉她："宝贝，
要打针了，爸爸妈妈知道你不想打针，爸爸妈妈也不想让你打针，可
是疫苗针还是要打的。你看爸爸的手臂！"我给她看了下我手臂上打疫
苗留下的圆圆的疤痕。

　　"的确会有些疼，也可能会很疼，而且这次你需要打两针。如果觉
得疼的话就哭出来，爸爸妈妈都陪着你。"

　　"不要！"小家伙最近经常说"不要"，语气很坚定，非常明确地告
诉我们她不要，不要打针。

　　"快点呀！家长夹住孩子的手脚，不要动！"医生开始催了。尽管
我知道防疫站的医生、护士工作量很大，每天要接待非常多来打针的
孩子，根本没有时间顾及每个孩子的感受，但医生的催促仍然让我感
觉到有些许不耐烦，我也开始有些焦虑了。

　　本来孩子在面对陌生环境的时候，就需要适应，即便用理智的意
志去说服自己、战胜生理疼痛，也需要一点时间。但医生每天面对的
病人太多了，他没有时间，也没工夫去给孩子缓冲的时间。

　　孩子打针，父母多少会有点焦虑，再加上医生的催促、怕占用后
面排队等待的人的时间，于是，父母将焦虑和压力全部转移到孩子的

身上去了。在医院里，我们经常能够看到，将要打针的孩子哭得死去活来，父母要么威逼，要么利诱，要么试图转移孩子的注意力，却忽略了孩子的感受。

"你怎么这么胆小，一点用都没有。"这样说，孩子以后可能会真的变得越来越胆小，或者变得很大胆，貌似强悍得什么都不怕，其实是为了掩盖内心的脆弱。

有的父母对孩子说："不疼的，没事的。"试图让孩子忽略身体的感受，但针扎下来怎么会不疼呢？孩子们会忠于自己的体验还是忽略自己的感受？对于三岁以下的孩子来说，他们不但会觉得疼，甚至对未知的疼痛还有一种恐惧。这个时候，孩子想找妈妈，想要找个安全的依靠，这个依靠却忽略了他的感受，告诉他"不哭、不疼"，孩子该有多么困惑。

有的父母对孩子说打完针买糖吃，或者在孩子哭的时候给孩子玩手机。这些常用的转移注意力的方法，不但没理解孩子的情绪、忽略了孩子的感受，还将孩子的注意力从身体转移到了其他地方，教会孩子逃避。而真正逃避的是成年人，为了解决自己内心的焦虑，只要孩子不哭，哪怕给孩子玩平时不让玩的手机也可以。

告诉孩子不疼，孩子就真的不疼吗？头脑听到的"不疼"和生理感受到的"疼"，很容易让孩子产生混乱感。当孩子哭着对父母叫喊的时候，他的情绪父母完全没有看见，或者视而不见。这些做法不但没能给孩子带来安全感，反而会造成更多负面的影响。

医生的催促，我们无法去改变，更何况后面还有一大堆人在排着队。我赔着笑脸，回了医生一句："抱歉，稍等下。"医生继续催促，我再赔一次笑脸，说："我们过会儿再来。"

走出疫苗室，小朋友恢复了开朗。我们陪着她左看看、右逛逛，让她多适应一下这儿的环境。过了一会儿，再和她商量去打针，她没有拒绝。我们再一次进了接种室，依然事先告诉她，打针会疼，今天会连续打两次，如果觉得疼就哭出来，爸爸在，妈妈也在，爸爸妈妈陪着宝贝。

第一针扎下来，小朋友哭了。护士说："家长抱紧孩子，夹住她的手，不要让她动。"

我不知道小朋友是听懂了，还是真的疼得受不了。她用尽了力气想要挣脱，哭喊着："爸爸！妈妈！不要！我不要……"

小朋友伸开双手要我抱："爸爸，抱抱，抱抱。"说实话，我内心已经很焦虑了，无论如何，我也不想看到孩子如此痛苦，但是已经扎了一针，另外一针现在不扎，过后还得来一次。尽管焦虑，我们还是紧紧地抱住她，告诉她："爸爸在，妈妈在。"

第二针终于打完了。我们走出疫苗室，小朋友的情绪还不稳定，我们又继续安慰她。过一会儿她不哭了，眼角还挂着眼泪。孩子对我们说："爸爸在，妈妈在。"

此刻，我的内心无比激动。我知道，安全稳定的父母已内化至她的内心。尽管面对打针这件事情，她觉得疼，觉得恐惧、害怕，但是她知道，她的爸爸、妈妈都在。尽管这件事让她很不舒服，但她知道有爸爸、妈妈陪着她一起经历。

某天，陪我家小朋友到某商场玩，在妈妈试衣服的时候，小朋友在店里面跳着舞"自嗨"。突然听到很响的"啪"的一声，小朋友赶紧向我跑过来，我也马上蹲下来抱住了她。

原来是旁边一个电蚊香电到了蚊虫，小朋友"咯咯"地笑了，然后继续去玩，边走边说着："爸爸在，妈妈在，僵尸在。"（僵尸是一款游戏中的形象，她在邻居家的小朋友那儿看到过，最近到哪儿都说"僵尸"，这个游戏形象也被她吸收内化为朋友了，能够给她力量和支持。）

我的内心又激动了一次，我知道无论以后她遇到什么事情、什么挫折，都能够告诉自己，她很安全，她会渡过一切难关。因为她的内心有个稳定又安全的支柱在支持着她。

内在安全稳定的父母，是送给孩子最好的礼物。

PART 2

爱你的孩子，也爱你内在的孩子

初次当妈不容易，新妈妈的情绪更需被看见

当你觉得自己的世界快要被孩子占据的时候，不妨每天留出点时间和空间给自己。

看到一则新闻消息：某日凌晨，陕西某地发生了悲惨的一幕，一位年轻妈妈抱着不到十个月大的婴儿，从八层高楼坠落身亡。有小区的业主表示，听说这个妈妈产后抑郁，可能是与家人发生了争吵，情绪激动，一时想不开才发生了这个悲剧。事件具体原因警方仍在调查。

仅仅在2017年，各地关于产后抑郁导致妈妈自杀甚至伤及孩子的新闻层出不穷，这是多个家庭的深深的伤痛，更是值得我们深刻思考的问题。

01

当妈妈是怎样一种感受？也许只有亲自体验过才知道。有位朋友

说，生孩子之前，她想象过当妈妈的画面：孩子乖巧，丈夫体贴，一家三口有说有笑，看书、做游戏、逛公园。可直到孩子出生之后，她才逐渐意识到，她已经不再属于她自己了，她是一个孩子的妈妈！

的确，当一位女性将要成为妈妈的时候，她需要完成多重角色的转变。比如从职业女性转变为家庭主妇，从女儿转变为妈妈，从对丈夫的关注转变为对孩子的关注。很多准妈妈有过这样的体验，越是临近预产期，就越控制不住地想去准备各种东西，购置各种可能需要用到的婴儿用品，布置孩子的房间、婴儿床，等等。

很多时候，丈夫可能不会理解，为什么要整那么多的花样出来，买那么多不必要的东西，挺着个肚子还去布置房间？这是因为，准妈妈在为自己成为一个妈妈做准备，不仅是为现实层面的需要做准备，更是为自己将要适应"妈妈"这一新的身份而做准备。特别是对于新手妈妈而言，这个过程中，常常会伴随着自我怀疑。她们会担心自己不能当个好妈妈，怀疑自己能否胜任这个角色。一方面，她们会憧憬着如何照顾好宝宝，以后要带孩子去哪里玩，要教会孩子各种知识；另一方面，她们会担心，如果奶水不够怎么办？孩子身体的发育好不好？甚至还会考虑家庭关系、职业发展，等等。

新妈妈在月子期间，身体尚未恢复。刚出生的孩子又会不断地向妈妈传递生理和心理的需求，妈妈们会本能地想要去满足孩子。喂奶、夜哭、换尿布……常常会让妈妈精疲力竭。

很多时候，妈妈会觉得自己的世界被吞没了，甚至自己都被吞没了。孩子不睡，自己想睡又睡不了，睡了没多久又被吵醒，给老人或保姆带着又不放心，甚至还会觉得自己没有尽责。妈妈希望孩子能够快点睡着，也好让自己得到一丝休息，当孩子无论如何都不睡的时候，妈妈就会焦虑到愤怒。焦虑的是：为什么我不能照顾好孩子睡觉，难道自己不能胜任这个角色吗？愤怒的是：我都已经那么辛苦地哄宝宝睡觉了，为什么他还不休息？这样我也不能好好休息了。

看到一则新闻：九个月大的幼儿，睡醒之后想喝奶，把还在熟睡的妈妈吵醒了，结果被患有抑郁症的母亲从床上抛下。有位网友在后台留言说，带孩子太累的时候，有时会忽然冒出一种想法，恨不得将孩子弄死，然后自己自杀。但是这个想法一旦冒出，又忍不住骂自己。

很多妈妈会因为闪现过这些念头，产生强烈的愧疚和自我攻击心理，觉得自己不是好妈妈，觉得自己一无是处，再加上妈妈之前憧憬的完美生活的想象被打破，长此以往，焦虑、愤怒、攻击不断地指向自己，就容易产生抑郁的情绪。

02

为什么这么多妈妈产后抑郁？

产后抑郁，常常是妈妈对孩子产生了内疚的情感，但是情绪无法得到疏导，甚至还可能要承受家人的苛责。很多人只知道，产后抑郁的妈妈情绪敏感而不稳定，却不知道她们在为成为一个合格的妈妈本能地努力着，默默地承受着。

新手妈妈感觉到焦虑的时候，怎么办呢？

第一，放下自己怀孕时对照料孩子的想象，放下自己对自己的要求。唯有这样，你才能够看到真实的孩子，也能看到自己真实的状态。

第二，调整自己的认知，减少对自己的苛责。现在有很多关于母乳喂养的好处的宣传，但有些妈妈因为身体或其他原因，奶水不足，不能母乳喂养。这并不是妈妈的错，更不代表你不是好妈妈。

第三，调整自己的状态。孩子可以安然入睡固然好，但有时候无法照顾孩子入睡，恰恰说明是自己需要好好地休息来调整状态。很多时候，妈妈能凭借自己的直觉，判断孩子哭是因为饿了还是大便了。孩子也一样能够很容易地感受到妈妈的情绪状态，妈妈的情绪状态好的时候，孩子会更容易入睡，会睡得更沉。妈妈情绪状态不好的时候，怎么样哄孩子，孩子都是哭。

第四，寻求家人的支持，给自己放松的时间和空间。当你觉得自己的世界快要被孩子占据的时候，不妨每天留出点时间和空间给自己。比如每天有一个固定的放松时间，不需要太长，但可以自由支配，去做自己喜欢的事情。

　　妈妈，是个伟大的称号；妈妈，也是幸福与辛苦的代言。

　　初次当妈不容易，新妈妈的情绪更需被看见。祝福所有的新妈妈，都能被温柔以待。

去爱你的孩子，也爱你内在的孩子

自信，就是"内在的父母"赞赏"内在的小孩"；而自责，就是"内在的父母"责怪"内在的小孩"。

在电视上看到一则新闻：一个九个月大的婴儿，睡醒之后想吃奶，把熟睡的妈妈吵醒了，结果被处于产后抑郁状态的妈妈从床上抛下，伤势严重送医抢救。产后抑郁，不容忽视。

关于产后抑郁，有一个很关键的原因，就是妈妈在生育孩子的过程中，潜意识中会激发当年自己的妈妈怀孕和生育时的种种创伤记忆。所以，很容易把自己经历过的苦难，无意识地传递给孩子。

一个新生命的诞生，不仅是对妈妈身心的考验，也是对整个家庭的大考验。根本原因是，一个真正的婴儿，激发了所有成年人心中遗忘了的婴儿时期的体验。由于遗忘了这些体验，不愿意面对这些体验，成年人心理上会追求一种可怕的东西——让这个新生命重复自己那些内在婴儿的体验。比如网上流传的睡眠训练、哭声免疫，其实是针对焦虑的父母不知道该如何去面对孩子情感呼唤的解决方法。睡眠训练让婴儿对得到抚慰感到绝望，只好自主入睡。当他以后为人父母时，也不知道该如何面对孩子情感的呼唤，也会产生同样的焦虑。

一位女性朋友曾经聊起在她月子期间的一些感受。当时她的情绪非常糟糕，身体还未恢复，晚上又要喂奶。一个晚上至少会喂奶四五次，刚刚睡着又被吵醒，在特别困的时候，总有莫名的愤怒爆发出来。她说，她时常会冒出一些奇怪的念头。比如担心自己睡觉的时候，会不会压到孩子；给孩子系抱被带的时候，会不会系得太紧，让孩子窒息；还有其他种种孩子被她伤害的联想。这些联想让她觉得很恐惧，虽然她一再告诉自己不该这么想，但总是忍不住。她开始自我觉察，了解自己的内心，感知自己的念头。

某天，她突然有了一种特别的领悟。那些关于孩子的念头，不是她真正想要的，但为什么她会想得那么细致？她感觉到，很可能那是她的妈妈当时对她的态度和想法，那是妈妈在生她的时候产生的抑郁与焦虑。想到这里，她止不住地流下眼泪，她仿佛看到了自己婴儿时的状态，是那么可怜和悲惨。

她觉察到，那些情绪和念头是一种轮回，她体验到了妈妈生她之后的一些想法，是孩子的诞生激发了她过去的创伤记忆。她开始让受伤的内在孩子和内在父母进行对话。当然，这个过程并不轻松，甚至非常痛苦。因为自身的创伤被激发出来后，要跟痛苦一起，慢慢治愈。

现代客体关系心理学观点认为：我们每个人都有一个内在的关系模式，而这个内在的关系模式决定了我们与自己、他人，与整个外部世界的相处方式。这个内在的关系模式，用简单而形象的语言进行解释，那就是"内在的父母"和"内在的小孩"之间的关系。内在关系模式在六岁前基本建立，童年时期，孩子与父母等重要亲人的现实关系的内化，将构成我们的基本人格，影响我们的一生。由此可知，童年时期父母与孩子的关系模式非常重要。

心理学家武志红老师曾多次在他的讲座或文章中提到一句话："关

系就是一切，一切皆为关系。"我们所经历的事物，特别是重要的人，与我们的内心互为镜子。我们在"关系"这面心灵的镜子中呈现自己，抚养者也是我们最初的镜子。"镜子"定义了你是谁，决定了你是否有存在感、价值感。妈妈，是我们生命中的第一面镜子。妈妈看见孩子，孩子便从妈妈的"眼睛"中看到了自己。

但如果孩子没有被看见，或者偶尔才会被看见，他的存在感会是破碎的，甚至是不存在的。孩子的自我就会出现各种各样的问题，比如太破碎、太僵硬，或狭窄、缺乏力量、缺乏组织力等。当孩子的感受不被妈妈看见时，孩子为了维持关系，为了获得妈妈的关注，便会围着妈妈的感觉转，真自我逐渐沦为一个空壳，成了假自我。

因为不被看见而产生的孤独，太可怕了。对于孩子，特别是对婴儿来说，是最致命的伤害。所以我们会形成各种各样的保护层，想出各种策略切掉真实的感受。比如有的女性朋友在感情中总是怀疑对方不够爱自己，或者始终无法产生亲密关系，发现自己不能爱别人或被爱。这很可能是因为在童年受过严重的创伤，是内在的小孩对获得内在的父母的爱没有信心。而无法爱别人或被人爱，正是因为内在的小孩对得到内在父母的爱非常不自信，无法承受亲密关系中可能存在的伤害而进行的心理保护，同时形成了一种极端的铜墙铁壁，内心会非常孤独。

每一个重要的亲人，都会内化到我们的心灵深处，我们童年时与每一个重要亲人的关系模式，都会成为我们内在关系模式的重要组成部分，并在我们以后的现实关系中得以体现。所谓的"自我实现的预言"，其实就是内在关系之间的对话。比如自爱，如果从内在的关系模式去看，其实就是内在的父母爱内在的小孩。同样，自信其实就是内在的父母赞赏内在的小孩，而自责就是内在的父母责怪内在的小孩。

我们与自己的关系，是无比重要的关系。经常会听到很多人说，接受自己，爱自己。但是，如果你的内在的父母与内在的小孩之间冲突很强的话，爱自己就不容易做到。比如我们偶尔会在生活和工作中出现小错误，尽管没有受到任何处罚或批评，有的人却总是会忍不住责怪自己，而有的人则相信自己下次会做得更好，并不断寻找到更好的办法。

心理健康的基础，是一种良好的母婴关系。在我们的现实生活中，妈妈们非常不容易。但至少我们可以做到，从现在开始，去发现和改变自己的内在模式。去爱你的孩子，也爱你内在的孩子。

别让孩子成为情绪的俘虏

对于孩子来说，妈妈的情绪就是他的世界，而现在，他的世界崩塌了。

　　婴儿出生后，表面上看起来他是独立的个体，然而在心理层面上，个体却还没有分化，婴儿仍然会觉得他和妈妈是一体的，而此后的成长中，婴儿会通过和妈妈的关系来逐渐形成自我。

　　生命最初的关系，就是孩子和妈妈之间的关系，我们的自我、人格的形成，就是在婴幼儿时期和妈妈（或者其他重要的养育者）之间的互动中形成的，这些关系模式构成了我们的人格。婴儿和妈妈之间有着非常重要的关系，那么，是婴儿围着妈妈的感觉转和妈妈建立关系，还是妈妈围绕着婴儿的感觉转和婴儿建立关系？

　　国外有个很出名的实验，是关于婴儿对情绪与表情的敏感性。视频的前半段里，我们可以看到一个愉悦的婴儿正在享受与妈妈之间的互动，孩子发出动作，妈妈开心愉悦地呼应。每次当妈妈回应孩子的时候，孩子都面露笑容、开心满足。这个过程中，妈妈始终都在呼应着孩子，围绕着孩子的感觉和孩子发出的信号。这样孩子会觉得，自己是好的，是有价值感的，他在妈妈的眼中看到了自己。在后半段的视频里，妈妈调整了一下情绪，再转过脸来的时候，面无表情。仔细看看婴儿的神情，孩子不知道发生了什么事情，吓得缓不过神来。然后，孩子想试着用前面和妈妈互动的方式来呼唤妈妈，但是没有效果。停顿一阵子后，他使用了讨好、表演、大叫……各种方式都无效，最后孩子伤心痛哭。

当孩子尝试用各种方式去呼唤妈妈的时候，他的焦点都放在了妈妈身上，已经失去了自己。这个实验不到两分钟时间，孩子已经哭得不成样子，因为对于孩子来说，妈妈的情绪就是他的世界，而现在他的世界崩塌了。

当孩子的感受没有被妈妈看见时，孩子为了维持关系，会围着妈妈的感觉转，于是就失去了自我。当一个人的感受不被看到的时候，那种感觉非常可怕。所以才会形成各种各样的保护层，想出各种策略切掉真实的感受。

当妈妈愤怒、焦虑的时候，孩子就会感到恐惧、害怕，会开始想办法围绕妈妈的情绪，自信地以为可以帮助妈妈承受那些情绪。我们为别人的情绪"埋单"的第一课，就是在这里学会的。但是，每个人都会有控制不了自己情绪的时候，妈妈也不例外，那在妈妈对孩子发火后，该如何弥补对孩子造成的伤害呢？

第一，向孩子道歉，告诉孩子，他没有错。

第二，如果孩子有错，就具体地告诉他，因为他做了什么事情，导致妈妈发火了。

第三，告诉孩子哪些是自己的情绪，妈妈需要为自己的情绪负责，孩子不需要为妈妈承担这些情绪。

第四，孩子如果受了委屈，也必然会产生相应的情绪。妈妈要允许孩子的情绪发泄出来，允许孩子哭、愤怒，允许孩子表达自己的感受和情绪。我们首先要学会为自己的情绪"埋单"，孩子才会在我们的身上学会处理自己的情绪。

第五，帮助孩子给出现的情绪起名字。当情绪不可知的时候，它就是不可控的；当情绪可以被接纳的时候，它就可以流畅地表达出来。应该引导和告诉孩子，妈妈出现了什么情绪，孩子刚刚的情绪又是什么，是愤怒、难过、失落、开心……

当孩子可以认识自己情绪的时候，他就会感受到，这是他生命的一部分。妈妈有情绪，孩子也会有情绪，这很正常。

当孩子能够认识自己的情绪的时候，他对别人的情绪也就有了感知，孩子将会分辨出哪些是自己的情绪，哪些是父母的情绪，哪些情绪是不用他负责的。

情绪过去了，关系依然是流动的。正如国外实验视频里，妈妈最后去拥抱孩子时，孩子还在哭泣中，但当他感觉到没有情绪的妈妈真正回来的时候，再次笑了起来。

可以离乳时，切勿轻言断奶

在准备给你的孩子离乳的时候，请一定要告诉他："当你睡不着的时候，妈妈在；当你难过的时候，妈妈在；妈妈愿意陪着你，抱着你。"

我在微博上看到一位网友写道："我之前一直打算以母乳喂养到自然离乳的，因为我接受不了那些惨烈的断奶方式，要把妈妈和孩子分开。那时，我的孩子不吃奶粉，辅食也吃得少，我妈总担心孩子长不大，加上身边的同事、朋友都给孩子断奶了，我的奶水又不够，家人又让我断奶，所以我狠心断了！我现在后悔得想抽自己！"

母乳喂养得到了越来越多的妈妈的认可，同时，离乳也成了妈妈们必打的一场战役。离乳就是给孩子断奶、戒奶，但我更喜欢用"离乳"这一说法。看起来是在做同样的事情，但断奶和离乳还是有区别的。

01

断奶，对妈妈而言，更像是无奈的决断。这种无奈的原因，既有妈妈们身体的不适，也有家人干预的因素。通常，妈妈会用一些强制式的方式让孩子离乳。比如离开孩子一两周，或者在乳头上涂抹气味难闻的东西。对于孩子而言，这是毫无心理准备、猝不及防、被动接受的过程。

离乳，对妈妈而言，是孩子的成长与离开。也许很多妈妈都有过类似的感觉，当孩子不再喝奶的时候，既轻松又有些许的失落。而对孩子而言，这是有心理准备、循序渐进、主动接受的过程。

所谓的"自然离乳"，是让宝宝在做好心理准备的状态下，迈出成长的那一步。离乳的难易程度，常常在于妈妈的状态。不需要担心"孩子会不会越大就越难离乳"，因为即使没有任何人为的干预，孩子终会长大，也终会和妈妈的乳房说再见的。

只是，现实生活中，我们未必能达到那么理想的状态。关键问题是什么？

喂奶是个体力活儿，妈妈们身体的难以承受，加上家人的催促，一旦婴儿不再绝对依赖母乳提供营养，便急于断奶。"孩子越大越难断奶""奶粉比母乳有营养"，诸如此类的观点，都在反对孩子和妈妈之间的情感连接，都在催促着断奶，甚至还要用到最惨烈的母子隔离的方式。

02

当孩子逐渐长大，可以吃辅食或者更多其他食物的时候，孩子对母乳的营养已经不再有很大的需求，对于孩子来说，妈妈乳房的真正意义，是作为一个过渡性客体而存在。离乳真正的目的，不是去切断孩子和妈妈之间情感的连接，而是帮助孩子建立一个新的过渡性客体。

离乳，也意味着分离。所有的分离，都不可避免或多或少地存在着焦虑和伤感。我们害怕分离的痛苦，想象着长痛不如短痛。所以，我们在网络上、亲戚朋友的口中，了解了各种惨烈的断奶方式，比如母子隔离，让孩子十天半月见不到妈妈，或者往乳头上涂辣椒水、万金油之类的刺激物。

客体关系理论指出，妈妈的乳房对孩子来说，是和妈妈同等重要的客体。相信很多妈妈都有过这样的经验，孩子平时受惊吓了、委屈了、难过了，甚至想睡觉了，只要碰到妈妈的乳房，马上就能慢慢地安静下来。想象一下，孩子是多么信任、依赖妈妈的乳房。当孩子带着喜悦和渴望靠近，碰到的却是又苦又辣的奶头，这会让他产生多么深的恐惧。这和成年人被自己曾经最信任的人背叛，是一样的心情。

依恋是孩子的基本心理需求，儿童的人格结构在良好的依恋环境中，可以健康地成长和发展。精神分析研究，依恋失败是儿童创伤的重要原因。想要避免离乳的过程中对孩子造成不必要的创伤，帮孩子建立一个新的过渡性客体是不错的方式。

所以，在给孩子离乳的时候，请告诉你的孩子，他在慢慢长大，但无论发生什么变化，妈妈和他之间的情感一直都在，不会消失。

03

离乳，具体应该怎么做呢？可以借鉴绘本《再见，妈妈的奶》中的方法。

《再见，妈妈的奶》这本书的主旨，就是告诉孩子，和妈妈的奶说"再见"，并不意味着会失去妈妈。而是孩子逐渐长大了，可以吃更多其他的东西，同时，也暗示着他已经具备更多的能力、更强的力量。这些力量也可以支持孩子和妈妈的奶说"再见"了。

正如前面所述，对于孩子来说，妈妈的乳房，几乎是和妈妈一样重要的存在。所以，断奶的时候，孩子就会有一种和妈妈分离的感觉。而这本书就是要告诉宝宝和妈妈，对于分离的不安和焦虑，宝宝需要妈妈的安慰和存在的确定。

作者在一开始就列举了小象、长颈鹿、小兔子这些可爱的动物们的例子。它们都很喜欢吃妈妈的奶，但是它们长大了，可以吃苹果、香蕉、胡萝卜……可以吃更多的食物，所以，小动物们要和妈妈的奶说"再见"。同时也告诉孩子，孩子长大了，可以吃更多的米饭、苹果、香蕉，还可以吃鱼、草莓、西红柿等更丰富的食物。这就等于告诉孩子，喝奶对于孩子来说，已经不是最重要的事情。因为宝宝长大了，也可以像成年人一样吃米饭，吃水果、蔬菜还有肉类等食品，吸收更多成长所需的营养。宝宝也可以和小动物们一样，和妈妈的奶说"再见"。

那宝宝还需要什么呢？

绘本的最后，很温馨地说：

在你悲伤的时候，

在你寂寞的时候，

妈妈会一直抱着你。

在你睡不着的时候，

妈妈会一直在你身边握着你的手！

所以，没有关系，

你也可以和妈妈的奶说"再见"！

你要吃很多很多饭，

你会长大！

在生命的早期，孩子还不具备生存能力，他必须依靠妈妈才能够活下来，这是生存的本能。所以，当要和妈妈分离的时候，孩子就会本能地觉得惶恐、孤立无援，似乎整个世界都要坍塌了一般。

对孩子来说，这时候妈妈的乳房更多的是一种情感的依恋。所以，无论你是因为何种理由，要准备给你的孩子离乳，请一定要告诉他："当你睡不着的时候，妈妈在；当你难过的时候，妈妈在；妈妈愿意陪着你、抱着你。而且，你会长大。"

04

离乳，不仅是孩子的成长，也是妈妈的成长。离乳，是妈妈和宝宝的分离，妈妈和宝宝都难免产生难过和失落。

一位朋友曾分享，她喂奶的经历简直是一部血泪史：乳房结块堵奶，乳头多次被吸破，流着血、结着痂喂奶的疼痛，以及夜里从来没有睡过整夜觉。尽管如此，她从来没有抱怨，也没有想放弃。到后来，奶水少了，每天也就能给孩子一个情感慰藉。但孩子每晚睡觉前，即使是吃完奶粉也要含几口母乳才肯睡，孩子经常在含着乳头的时候抬头对她笑。朋友说，这种母子间最亲昵的时光几乎是她每天最快乐的时刻，妈妈和孩子都非常享受。有时她真的很不想断奶，感觉断奶了，娃就长大了，就不再那么需要她了。

英国客体关系心理学家温尼科特有一句名言："There is no such thing as a baby."（从来没有婴儿这回事儿。）因为婴儿是不可能独立存在的，当你看见一个婴儿，你就一定会看到照顾他的妈妈。这也说明了母婴关系对孩子成长的重要影响。母亲和孩子之间的关系和相互的作用，会滋养或者阻碍孩子的发展。

孩子和母乳分离的难过，有一部分是孩子的，有一部分是妈妈的。一岁以前，怎么爱孩子都不过分，等到孩子逐渐长大后，他也需要有一个更广阔的世界。而妈妈能做的，就是在必要时候推孩子一把，告诉他：你长大了，但当你伤心难过的时候，妈妈还在，还会陪着你。

对孩子强调你的陪伴、你的稳定，当妈妈不焦虑的时候，孩子内心也会升起安宁。如果妈妈和孩子的依恋关系是稳定而安全的，孩子也会更有探索新奇世界的欲望，他将会发现，生活中还有那么多好吃的食物可以替代母乳，而且妈妈还在。

05

分离，有难过，也会有成长。即便是离乳了，孩子对妈妈的乳房仍然留有无比美好的情感记忆。这种美好的记忆，会一直伴随着孩子的成长。所以，离乳不是问题，问题是离乳后，孩子是否依然可以在妈妈那儿获得原有的、甚至更多的爱和情感。

如果还没准备好，而又不得不断奶的时候，你可以这么做：

1. 若是因为客观原因而不得不进行离乳，不必过于内疚或有压力。

2. 陪孩子一起去面对。分离，对妈妈和宝宝一样重要。

3. 重复地、明确地告诉孩子，即使是断奶，妈妈也会在，妈妈还会陪着孩子。这样可以在一定程度上缓解孩子对客体的分离焦虑。

4. 给孩子讲《再见，妈妈的奶》的故事，为断奶做铺垫和准备。

5. 尽可能多花一些时间陪伴孩子。

6. 获得丈夫的支持。如果正在看这篇文章的是男士，请多给您妻子情感支持，因为对她来说，这是非常不容易的过程。

简单来说，妈妈要做到的就是，接受自己的状态，相信孩子成长的力量，给予孩子你能够给予的情感支持。同时，允许自己去寻求亲人的情感支持。这就足够了。

如心理学家科胡特所说，妈妈是怎样的状态，比妈妈做对什么或做错什么更重要。

我们为何都想要稳稳的幸福

如果孩子的情绪处于惊涛骇浪之中,父母能够带着情感稳稳地站在孩子的身边,这种支持与接纳的形象将深深地内化到孩子的内心。

每天晚上,我们一家都会围着小区的花园散步一圈。女儿很享受这样的时光,由爸爸、妈妈一起牵着她,她在中间自由地跑跑跳跳。在经过一个阶梯的时候,她不小心绊了一下,差点摔倒。幸好,还牵着爸爸妈妈的手。她看了看我们俩,我们对她笑了笑,她又笑嘻嘻地继续往前走。

"要小心呢。"妈妈叮嘱了一句。

"我会小心的。"女儿说。

妈妈说:"那你刚刚怎么都没看路啊?"

"反正有你们牵着我!"女儿说完就扑到我们的怀里。

我们顿时无语。再看看女儿,一脸稳稳的幸福模样。

心理学家科胡特的《精神分析治愈之道》里面讲了个故事：

被誉为"铁血宰相"的政治强人俾斯麦，长期受到失眠的困扰，后来有一位医生治愈了他的失眠。医生的方法非常简单，他在俾斯麦睡觉的时候，就坐在俾斯麦床边，一语不发，直到他睡着。在俾斯麦第二天醒来时，看到医生仍然安静地坐在他床边。反复如此，几次之后，宰相的失眠问题就解决了。

治疗原理很简单，因为外在安抚性对象的稳定存在，很好地缓解了俾斯麦内在的焦虑。俾斯麦入睡的时候，他知道无论自己睡得多沉，总会有个人在那里稳定地坐着，而且反复多次处于这种稳定的客体关系下，他的睡眠状况就自然慢慢地变好了。

"'我要稳稳的幸福，能抵挡末日的残酷，在不安的深夜，能有个归宿。'很难过、很想家的时候，听到这首歌我就觉得心里舒服些。"这是一位北漂的朋友昨天在朋友圈发的内容。

我不知道这位朋友最近经历了什么，但我知道，在她的内心深处，家，是她稳稳的陪伴，是她稳稳的支持。尽管她的家远在千里之外，但是家人的支持、温暖，已经稳稳地进驻了她的内心，那些稳稳的幸福，连末日来临的残酷都能抵挡，也一定能支持她渡过生活的难关。而这些坚定的幸福，最初是源自父母带着温柔，稳稳地陪伴在孩子的身边。

我们都见过，年幼的孩子在学爬、学走的时候，每次走向前去拿某个玩具，总会不时地回过头来看看妈妈。为什么？因为每次看到妈妈的时候，知道妈妈就在那里。当妈妈也看着他，孩子就会从妈妈脸上的神情里看到自己。

妈妈是放松的，孩子也是放松的；妈妈是喜悦的，孩子也是喜悦的。妈妈稳稳地在那里，孩子稳定的内在自我就慢慢建立了起来。他对玩具的探索、对事物的探索、对这个世界的探索就又向前迈进了一步。

网上看到一条微博，说的是一位父亲带孩子去打针，孩子因为害怕哭了起来。这位父亲说，针都还没有开始打，你哭什么哭？等打完针了，孩子又继续哭，这位父亲说，针都打完了，还有什么好哭的？我看到这条微博有很多人点赞，甚至有人夸这个段子好，这位父亲有办法。

其实，大家都害怕把自己的情绪表达出来，特别是这些恐惧、焦虑的情绪，也就是所谓的不好的、负能量的情绪。孩子有害怕的情绪了，成年人也焦虑，更害怕去处理，甚至都懒得去处理，孩子一哭，自己就控制不住了。所以我们要学会用各种办法去转移、压制孩子本该正常出现的情绪表现，以图让自己的情绪稳定。

尽管孩子已经不哭了，或者说他也没有理由去哭了，但是他的内在情绪暗流涌动。以后遇到困难的时候，也将不知如何处理，情绪无处依靠和安放，因为他从未得到过稳稳的支持和接纳。在内心不安的深夜，情绪却找不到归宿。

"情绪的惊涛骇浪中，有一个核心自我稳稳地站在那里。"这是科胡特对健康自我的一个定义，而这个核心的自我，就是来自孩子对父母的内化。

我们生命最初的关系，就是孩子和父母之间的关系。自我的成长、人格的形成，就是在与父母（或者其他重要的养育者）之间的互动中实现的，这些关系模式构成了我们的人格。家，就是我们人格成长的环境。

如果孩子的情绪处于惊涛骇浪之中，父母能够带着情感稳稳地站在孩子的身边，这种支持与接纳的形象就将深深地内化到孩子的心里。而这种稳稳的人格基石，无论他未来身处何处，都会给他带来抚慰的力量。

陪伴，才能滋养孩子的兴趣和热情

父母陪着他的时候，孩子的生命力是被祝福的，探索世界的能力也是被祝福的。

有位妈妈留言说："我经常给孩子讲故事，可为什么我的孩子不能耐心地听我把故事讲完呢？每次我讲故事的时候，他都好像心不在焉。我甚至还好好地练习了普通话，挑选的也是很经典的绘本，到底问题出在哪儿了？"

我就问那位妈妈："你讲故事的目的是什么？"

她说："就是为了让孩子更喜欢看书啊！"

我想这也许就是问题所在了。

01

越来越多的父母开始意识到阅读的重要性，所以很想培养孩子的阅读兴趣。很多育儿文章里面也提到，给孩子讲故事是培养孩子阅读习惯最好的切入点。

我赞成这种说法，只是在实际的操作中，很多父母仅仅把讲故事当成培养孩子兴趣爱好的一个任务，而没有真正地和孩子一起去享受这个过程，当然也不可能产生乐趣和情感的连接。

如果你想让孩子产生某种兴趣爱好的话，应该用最简单的办法，就是激发孩子对这件事的热情。而最能引起孩子热情的，就是父母本身要对这件事情很感兴趣。比如热爱足球运动的父母的孩子，也很容易对足球运动产生兴趣，父母不必逼着自己的孩子去踢球，他们通过自己的热情，就很容易吸引孩子参与其中。

02

有些父母并没有参加过育儿方面的学习或训练，但是他们能把孩子养育得很好。而有的父母即使读过很多的育儿书籍，把育儿方法使用得"标准又正确"，但亲子关系仍然存在不少问题。

实际上，若父母的人格状态比较健康的话，即使做了一些看起来错误的事情，对孩子的人格也不会有太大负面影响。相反，若父母本身没有觉察自己的状态有问题，那么他们无论怎么学习正确的育儿方法，其过程都会不经意地"正确"过头了。

文章开头提到的那位妈妈，培养孩子良好的阅读习惯是对的，出发点也是好的，但目的性太强。依据她的描述，她要求孩子在听故事的时候要安安静静的。的确，孩子在听故事听得入迷的时候，会沉浸在故事的情节里面，但不代表孩子听故事的时候就必须要安安静静的。如果对孩子听故事的状态都要过于控制，孩子听故事的过程可能就变成了一种折磨。

03

如果你想让你的孩子在听故事的同时，对阅读产生兴趣，那么你就需要经常和孩子一起分享读书的乐趣，而不是把阅读当作任务。分享读书的乐趣，并不是必须给孩子读完一本书，或者要求孩子看完一本书，而是你们一起去看书，一起分享故事，一起感受故事里面的情节，紧张的时候一起紧张，快乐的时候一起快乐。

讲故事的方式很重要，所谓绘声绘色，就是让孩子在讲故事的人身上，看到故事情境里的兴奋、感动、惊讶、难过……如果我们用这种方式跟孩子进行交流，并且让孩子感受到，父母在和他一起读故事，和他有着一样的感受，故事自然会进入到孩子的心里。故事的情节、故事的叙述方式，甚至故事的寓意等，都会自然地流入孩子的心里。

04

最初，我给女儿讲绘本上的故事，并没有完全照着书上的文字念出来，而是配合着书上的图画，告诉她这是谁，他在干什么，他拿了什么东西，他要去哪里……有时候会把所有的细节都描述得清楚细致。

等到女儿稍大一些，我开始按照绘本上的文字给她讲述里面的故事。以前看过的绘本回头再看时，孩子对故事了解得更清楚。之前和她说过的那些细节，绘本里的人物、动物、事物等，她都记得清清楚楚。再用绘本原有的文字讲述里面的故事，她对内容情感又有了更深刻的理解。

有时候，我会模仿故事中角色说话的语气、音调，甚至是表情和动作。比如，我和女儿看《疯狂动物城》（迪士尼电影同名书籍），讲到闪电树懒说话慢吞吞的时候，我读树懒的这段文字时也是慢吞吞的，甚至表情、眨眼、语调都学着电影里树懒的样子。在家里，女儿最喜欢和我互动的项目之一就是看书，这点真的让我觉得很自豪。

现在，女儿三岁多，看过的绘本已有百余本。她有时候也会自编故事，拿着两个玩具进行对话。仔细一听，对话内容大多来自之前看过的书籍，并且把不同书籍的内容进行了整合修改，然后创作出了新的故事。

所以，父母尽量亲自给孩子讲绘本里面的故事吧，不必完全按照书里的语言文字，不必非要把这个故事看完，不必要求孩子完全理解故事。因为最重要的，不是故事内容本身，而是讲故事的过程中，父母和孩子因彼此情感的交流而产生的快乐。

05

陪伴，能滋养孩子的兴趣和热情。一起唱歌跳舞，一起画画，一起做手工……在活动的过程中，孩子体会到的情感，远比孩子学会怎样唱歌、跳舞、画画的收获多得多。因为孩子感到了快乐，感受到和父母之间的情感的连接。有了这种连接，孩子会在这些活动中体验到快乐，也会继续追寻着这些快乐，自主地去探索更多的快乐。

当父母陪伴着孩子一起做一件事的时候，孩子依恋的需求就得到了满足，而且，他们还可以在这种依恋关系中获得成长。这会让他们感受到安全、自由，以及对自己生活的掌控。孩子会向更丰富的世界进行探索，正如那个自己爬过去拿到玩具的孩子，回头看到妈妈依然微笑地望着他、陪着他的时候，孩子的生命力是被祝福的，探索世界的能力也是被祝福的。

育儿育己，所有陪伴孩子成长的过程，其实都是滋养自己心灵成长的过程。

别让人生陷在比赛中

自我价值感建立在了有条件的爱上面，所以，我们的自我会显得越来越空洞，需要借助一种可以量化的标准来衡量。

"一出生就有人告诉我们，生活是场赛跑，不跑快点就会惨遭蹂躏。哪怕是出生，我们都得和三亿个精子赛跑……"印度电影《三傻大闹宝莱坞》的第一句话就告诉我们，我们一直都活在比赛中。

这个比喻生动形象。生活这场赛跑让我们痛不欲生，甚至直接告诉我们：要么竞争，要么死，不优秀不配活。残酷地把生死都扯上了，竞争该是多么惨不忍睹。

01

奥运会一开始，媒体的消息便铺天盖地："某某冲金失利夺银""某某惜败摘银抱头痛哭""粉丝遗憾万分"……似乎，那些夺得银牌、铜牌的运动员，就不算优秀了，他们无法为夺得亚军、季军的名次而感到高兴。

当然，我们确实可以看到选手们与金牌失之交臂时的难过和痛苦，他们已经在心理上惩罚了自己。是什么让他们觉得难过呢？前途？待遇？荣誉？还是其他？

我们无法体会运动员们背后付出的汗水与艰辛，但是亚军、季军和所有的参赛选手都是值得尊敬的。只是，我们从小就被教导"要争第一名""不能输在起跑线上"，因为只有这样，你才是优秀的，才是可以被人看见的，才是有价值的。我们都希望自己有价值，然而，你的自我价值，由谁来认可？

02

电影《三傻大闹宝莱坞》里面穿插了几起学生因为压力过大而自杀的事件。一切为了分数，一切为了优秀。不优秀就不配活吗？这只是电影，而现实比电影更残酷。

十八岁少年高考后自杀了，留长文"控诉"父亲教育方式太过可笑，考九十八分都被骂；一位自称北大毕业的母亲，为九岁的儿子安排了变态的作息计划，每天早上五点起床，一直要学习到二十三点才能睡觉，简直要将儿子的所有时间都压榨出来，只为让儿子追求优秀；一个男孩考试成绩不好，因为父亲的一句"等你晚上回来再收拾你"，男孩自杀了。

为什么高考分数让中国家长和孩子们拼死拼活？因为，我们都渴望得到他人的认可，特别是那些对我们来说非常重要的人。我们无时无刻不活在关系中，渴望能与对方分享自我的价值。如果没有达到这一点，那就会感觉非常难过。

我小时候有一位邻居，是标准的学霸、传说中的"别人家的孩子"，各种奖状贴满墙壁。他也从来没有被父母打骂过，即使名次偶尔下降了，分数考差了，父母也没有责备过半句。但他还是经常很紧张，特别是每次考试前，都会做关于考试的噩梦。他说他最紧张的时候，曾在考场上流过鼻血。因为他很害怕考不好，很害怕考得没有上次好。考得不好的时候，他甚至在家门口就能感觉到父亲身上有种说不出的情绪，那种感觉让他很难受。

大部分人的自我价值感，最初都是从父母那里建立起来的，我们都渴望爱与被爱，渴望来自父母无条件的爱。但我们经常听到的声音是：要考好，拿第一，要努力，要优秀……我们看到的画面是：考高分了，全家高兴；拿名次了，给物质奖励……自我价值感建立在了这些有条件的爱上面，所以，我们的自我会越来越空洞，需要借助一种能够量化的标准来衡量。成绩，是最好的量化标尺。所以考试失败、比赛失败时，自我价值感就瓦解了。即使他人没有批评、惩罚，自己也会在内心惩罚自己。这种模式已经深深地内化到了我们的灵魂深处。

03

"不要输在起跑线上""成为人生的赢家"——看似精彩，却"细思极恐"。然而，今天的社会文化、学校和家庭教育，都在支持着这些观点。

我曾看过一位家长带自己的儿子在小区里面跑步："加油，我们要超过那个小朋友，他跑不过我们。哈哈，你真了不起！你是第一名！"

也许这位家长只是想给孩子鼓励，调动孩子的积极性，也许孩子那一刻也是过于兴奋。但我忍不住想到，如果他们碰到的是一个大孩子，而那个大孩子也要较真和这个孩子赛跑并赢了他的话，他是否还会觉得自己很了不起呢？或是下次跑得更快些，避免失败？假若他真的要一直这样，跑步对他来说又有多少乐趣可言？

电影《三傻大闹宝莱坞》里有个场景，当法罕鼓足了勇气告诉父亲，自己并不想当工程师，而是想去做摄影师的时候，他的父亲大怒，并质问他如何面对外界的期待，如何面对父母长期的培养。

他忍住眼泪说："爸爸，你的感受对我很重要，别人对我没有任何影响……爸爸，如果我做了摄影师会怎么样呢？赚的钱少一点，住小点的房子，开小点的车，但是我快乐，我会非常快乐。"

这个场面很让我感动，更感动的是，最后法罕的父亲对他说："去追逐你的生命吧！"

现代奥林匹克运动的发起人、"奥林匹克之父"顾拜旦说："奥运会上最重要的不是胜利，而是参与；正如生活中最重要的事情不是成功，而是奋斗；最本质的事情并不是征服，而是奋力拼搏。"这不仅是对奥运精神的阐释，更是对人生态度的阐释。

遵从自己的内心，好好地体验、感受和经历人生。别让你的人生只陷在比赛中，更别让你的孩子只有比赛，没有人生。

未知的恐惧，不过是把纸想象成一堵墙

正视自己的恐惧：去做可以做的，放弃不能做的。

　　有一天，我收到一名学生的留言：这位同学还有两周时间就要离开学校去实习了，而实习的单位在另外一个城市。最近几天，她越发觉得害怕，害怕在陌生的城市遇到什么事情，害怕和同事、上司处不好关系，害怕在学校学到的理论知识不能用上，害怕实习的工作不能做好，害怕会丢脸，害怕什么都不懂会让别人不喜欢，更害怕用人单位不要自己。

　　这位同学说，自己明明都是成年人了，为什么有的时候，却害怕得像小孩子一样？该如何克服这种对未来恐惧、害怕面对未知的心理？

01

反正两周之后才去实习，我建议她可以看个电视节目放松一下，比如《奔跑吧兄弟》。

在《奔跑吧兄弟》第四季的节目里，有个叫"恐怖箱"的游戏环节，挺有意思。

在长桌上摆放了十个箱子，每个箱子里面放有数量不等的弹珠，以及一些未知的东西，跑男成员们要把手伸进箱子里取出弹珠，但他们看不到箱子里面的东西。

面对未知的黑色箱子，跑男成员们吓得显露出面部管理系统彻底紊乱的"表情包"，因为看不到，只能凭借着手的感觉去摸。软的、黏的、湿的、还会游动的……画面自行脑补。

事实上，箱子里面确实没有什么特别的东西，那些把他们吓得跳起来的是些什么呢？假发、水球、泥鳅、豆腐、多肉植物、海带……因为看不见，所以人就一直处于想象中，再加上现场气氛的烘托，这些平常的东西在人的想象中被恐怖化，容易让人非常害怕。

恐惧，往往来自内心，往往来自我们不停脑补的画面，即使是很平常的事物，也会因为未知而心生恐惧。但是我们大多数人，常常因为一种模糊的猜想，使自己变得焦虑、担心、怀疑、恐惧，什么情绪都出来了。

02

武志红老师在他的文章《觉知想象的敌意》里，举过一个例子：

一位男士想和他的同事说话，但是对方并没有注意到他，所以也没有回应他，他则产生了强烈的愤怒。整个过程，都是他内心的情绪在变化，同事则完全不知道。

但是，在这位男士眼里，他觉得别人是有意这样对待他的。所以他更愤怒，甚至会产生要还击的心理，开始对对方越来越冷漠。然而这个过程，对方是完全不知道的。但是对方会感受到有些不对劲，两个人的距离就莫名其妙地疏远了。

我们和周围人的关系、我们的亲密关系，常常也会出现类似的情况。我们害怕关系处不好，害怕上司、同事不待见自己，有时候，很有可能是自己想得太多。假设对方如此，很可能就会如武老师文章中所说的，本来没有敌意，却把敌意创造出来了。

生活中绝大多数的害怕，不过是一场想象出来的抗争。吓到自己的，往往不是事物本身，而情绪背后的焦虑、猜疑、恐惧，往往都是自己或他人对未知的放大处理。

03

我们知道，小孩子是特别容易被吓到的。很多大人为了让孩子安静下来，早点睡觉，常常会用吓唬孩子的方法。

一位朋友和我分享过他的经历，他的儿子有一段时间晚上不敢睡觉，什么都怕。他问儿子怕什么，儿子说怕红毛狼来抓自己。原来是过年回老家的时候，老人想让孩子快点睡觉，就吓唬孩子说，他不睡觉，红毛狼就会来抓他。

孩子的想象力是丰富的，红毛狼是什么？他没有见过，但那一定是非常可怕的东西，孩子就这样被吓住了。越是害怕越是睡不着，越是睡不着就越是害怕。

最后这位朋友想了个办法。他在白天的时候，叫上孩子还有邻居家的几个孩子一起，来家里画画。画什么呢？画红毛狼。

他问孩子们是否见过红毛狼，觉得红毛狼是什么样子的。让孩子们想象红毛狼的样子，然后把它画出来。

虽然他儿子还会害怕，但是他特意挑选了白天的时间，还跟其他的小朋友在一起，以玩游戏的方式进行，所以他儿子也和其他孩子一起画起来了。孩子们凭着想象把红毛狼画了出来，虽然各有不同，但大多看起来都是可爱的，至少是不吓人的。

通过这个游戏，给了孩子一种感觉：红毛狼就是纸上的样子，并没有想象中那么可怕。想象中未知的恐怖，在纸上变成了一个涂鸦形象，是可见的、可随意涂画的、可控的，孩子慢慢变得不再害怕了。

很多时候，害怕不过是一张纸，只是未知的恐惧，让我们把它想象成了一堵墙。

04

焦虑、恐惧被放大，是因为我们失去了可控的安全感。正如那位发来消息的朋友说，因为将要去实习的地方是另外一个城市，她害怕陌生的环境，随之便产生了一系列担忧。

我们习惯了身边的环境，习惯了学校的环境，这些环境对我们来说都是可控的。

当环境要发生变化的时候，我们就会产生一种失控的感觉。控制感，决定了一个人的自我所能延伸的空间。

当生活的环境从学校切换到社会，我们进入一个更大的环境中，会体会到一种失控的感觉。失控，引起了焦虑和恐惧，内心的变化引起我们对外界未知环境的想象，而放大的想象又加深了内心的恐惧。

05

我们应该怎么办呢？

想起主持人梁冬分享过的一个故事：

一个人走进了一间黑乎乎的屋子里面，不小心踩到了一个长条的、软软的东西，便以为是条蛇，然后就开始担心、焦虑，怕被蛇咬，又怕蛇会有毒……结果在恐惧、担心、焦虑中，把自己活活吓死了。后来有人开灯一看，原来他踩到的是一条塑料水管。

这个故事告诉我们什么道理呢？可以先把灯打开看看，如果是一条蛇，那你该干吗干吗，可以逃、可以打、可以求救。如果不是蛇的话，你也就释然了。

当你对某件事物产生恐惧的时候，要先去审视一下自己害怕的原因，

到底是害怕这件事物，还是害怕事物背后那种模糊的未知感？然后让自己找到可控的感觉。比如针对这件事，哪些是你可以做的，那么就去做，去想办法，去寻求各种渠道的支持；哪些是你做不了的，既然做不了，那就不做了，但起码要知道，在这背后没有什么是模糊的、未知的。这样，你的内心会舒服很多。

PART 3

让孩子学会跟随自己的内心

留白，让孩子谱写生命的原动力

真正要做自己，并不容易，因为生命成长的空白，很多时候都被我们的父母填满了。

父母爱孩子，从来都不是问题。真正的问题是，该如何去爱？

01

我的一位中学同学，现在在我们家乡的小城里当公务员，职务不高，胜在清闲、稳定，收入也还不错。但是每次同学聚会的时候，他都告诉我们，他过得并不快乐。每次聊到这个话题，大伙都认为他矫情，房子、车子、工作、家庭、社会地位，在当地人眼中都是数一数二的，你小子还想上天啊？

他的父母都是当地事业单位的员工，家境不错，他考公务员这条路也是父母规划的。那时候他大学还未毕业，父母就开始动员他回家乡考公务员，只要他肯去参加考试，成绩没有问题。那年毕业，他原本很想和几位好友一起留在北京发展。那时淘宝刚刚兴起，他和几个大学的哥们儿打算做电商。而当他告知父母这个想法的时候，父亲给他泼了一盆冷水："你懂会计吗？你懂得做账吗？你知道怎么进货吗？"

父子俩甚至为此产生了剧烈的争吵。那次吵得很厉害，父亲给了他一巴掌："这巴掌是让你记住，我这么做是为你好，以后你就会懂了，你也会感激我的。"

最后，他辞掉了北京已经找好的工作，回家考取了公务员。

那次聊天，他告诉我，他的风光只存在于别人的眼中。虽然很多同学羡慕他，但他更羡慕那些离开家乡、在大城市工作打拼的人。尽管可能收入不高，尽管每天要挤公交、地铁，尽管蜗居在城中村或地下室，但他们是能自己选择的。而他的人生，是被选择的。

02

这让我想起了另外一位朋友的故事：从小她妈妈就教育她，要努力学习，以后考好大学，有好工作，等等。她已经听得非常厌烦了，而她妈妈每次都会说："你要不是我女儿，我才懒得说你。别到以后怪我没有提醒你这些话。"

甚至到了现在，她有了不错的工作和不错的收入，妈妈仍然会好心地提醒她："别人我才懒得去说，你再不结婚，再不生孩子，等年纪大了，想要孩子要不了就会后悔了。"

她觉得妈妈已经严重干扰了她的生活，她甚至想，以后干脆就不结婚、不生孩子了，不然，还真的对不住妈妈这么多年的教诲。或许只有这样，以后才可以如妈妈所说的，有机会去怪妈妈不提醒她。

我对她说："可能是你太厌烦你妈妈的提醒，以至于恨不得就按她设想的最坏的结局去发展，以此来释放自己对妈妈的抵触。因为在她呕心沥血地为你好时，你连想反抗一下的空间都没有，更不要说什么规划自己的空间了。"

03

中国的书画艺术中常有"留白"一说，即以"空白"为载体，留有想象的空间，进而渲染出美的意境。艺术大师往往都是留白的大师，方寸之地亦显天地之宽。生命也是一门艺术，成长也需要留白。

人本主义心理学说："要以人为本。自己才是自己人生的选择者和判断者。"

马斯洛需求层次理论说："人的最高层次的需求是'自我实现的需要'。"

美国人本主义心理学家罗杰斯也说："要成为自己。成为自己，才能自我实现。"

只是，真正要做自己，并不容易，因为生命成长的空白，很多时候被我们的父母填满了。

我在做心理咨询工作的时候，碰到过一些刚刚成为妈妈的女性。我观察到一个现象，这些妈妈非常爱自己的孩子，但是当孩子长到两三岁的时候，这些妈妈就开始表示，她们很烦孩子。甚至，有的妈妈想再生一个孩子。我还听过不少妈妈说，多么希望孩子能够变回小婴儿的状态。因为，当孩子两三岁时，会进入执拗的敏感期，他们经常说"不""我就要这样"。一定要按孩子自己设想的先后顺序去做事情，因为这就是孩子生命独立阶段的发展过程。

这个时候，孩子总想靠自己的努力完成一件事，要自己做主。但是，他们的认知和表达能力还没有跟上，很多事情要依赖成年人的帮助才能完成。所以宝宝心里苦，可是宝宝说不出，而成年人也很难理解，孩子为什么要这样，为什么这么执拗。而妈妈希望孩子能够变回小婴儿时的状态，是因为那个时候最容易给孩子这幅画填充自己喜好的颜色。

04

孩子两三岁时的执拗状态很快就会过去，我们可以称之为"人生的第一个叛逆期"。而青春期则是孩子的第二个执拗状态，也是我们常常说的叛逆期。青春期的孩子想要独立，有自己的思想，有自己的空间，这些都是生命的原动力。如果这个时期，父母还在以爱之名控制孩子的话，其实就是在抹去孩子的留白空间。

比如前面提到的那位朋友，从读书到毕业，她的母亲提醒她要努力学习、要结婚生子，一直呕心沥血地对她好，她却越来越想挣脱妈妈，有自己的空间。

独立的空间，意味着更广阔的生活，同时，也意味着和父母拉开距离。父母如果能够像绘画大师一样，给孩子的成长留白的话，就要主动告诉你的孩子：去做自己，追逐自己生命的方向。此时孩子会更爱他的父母，而且会减少因为离开父母而产生的内疚。

我还接触过一些中学生，他们都提到，如果父母能够偶尔对他们说"爸妈想要点私人空间"之类的话，他们会非常开心，甚至会装模作样地在同学间"抱怨"一番。因为这是父母要私人空间，而恰好孩子自己也需要，就不会产生内疚感了。而且，当孩子看到父母能够拥有自己的生活时，他也能更好地活出自己的人生。

为成长留白，才能让孩子谱写生命的原动力。

请还给我自己吃饭的权利

人，就是在这些经历中去认识自己、认识世界、体验人生。

有一天傍晚，我在小区里散步，看到一位奶奶正追着孩子喂饭。他们家住在一楼，自己开拓了一个小院，从旁边经过时，老人追着孩子喂饭的场景看得非常清楚。

"弄得到处都是，快吃！"

孩子不愿意。

"快点，过来！"

孩子看起来差不多一岁，可能还不会用语言表达，但他总是想去拿奶奶手里的勺子。

"你不会用的，我喂你吃。快吃！"奶奶就是不给他。

小孩拿不到勺子，就跑到小桌子的另外一端，以示对抗。

　　然后，奶奶就在后边追着喂饭，继续重复着开头那一幕。我无比同情这个孩子，有那么一刻，真想大声地喊出来，为这个孩子喊出来：请还给我自己吃饭的权利！

　　或许，很多家长朋友都遇到过类似的情况，我也是。一开始，我也让孩子自己去吃饭。但孩子总是不能用勺子把饭盛上，或者拿不稳，半路的时候饭就掉在桌面上了。于是，孩子干脆下手，用手抓饭，弄得满手、满脸、满身、满地都是饭粒。

　　受不受得了？受不了。这个时候我也是崩溃的。但是，当孩子自己把食物放进嘴里的时候，她的眼睛充满了成就感的光芒。

　　也许，很多父母这时候会跳出来说，不卫生怎么办？弄脏了衣服怎么办？孩子吃不饱怎么办？

　　我想说，孩子的人生该由他自己去经历，孩子的成长就是体验生活的过程。作为父母，我们能做的是在适当的时候给予一些必要的支持。比如我们可以把饭桌、碗筷洗得更干净些；我们可以在他吃饭前给他洗手，培养良好的卫生习惯；我们可以帮孩子多换几套衣服；我们也可以给孩子多准备几餐饭。我所知道的现在很多幼儿园里，下午都有加餐，更何况吃是人的天性使然，没有人会肚子饿却不去吃东西。

　　也许还有朋友会问，孩子不会用勺子怎么办？孩子用了几次都用不好，还发脾气怎么办？

　　是的，每个人的成长都会遇到这些挫折。挫折和爱同样重要，因为这些都是一个人成长、成熟的必经过程。因为有挫折，我们才会渐渐明白，我们遇到的各种各样的事情，都需要我们去努力、去面对、去等待、去守护、去接受。人，就是在这些经历中去认识自己、认识世界、体验人生。

　　作为父母，我们要做的就是守护孩子，给予他爱和力量。而不要因为我们的好心，割断了孩子与世界的接触，这会在不经意中掠夺了孩子的生命力。

　　尼采说："真正'活过'的人，都是由他自己选择如何经历自己的人生，而不是像个木偶一般被生活所经历。爱一个人，当如他所是，而非我所想。"

不要把孩子限制在你的爱里面，让你的爱陪着他去拥抱这个世界，拥抱他的人生。让孩子活出自己的人生，从还给孩子吃饭的权利开始吧！

因为有爱，所以自信

如果这个世界不能接纳孩子的焦虑，孩子的焦虑将无处安放，就会变得越来越焦虑，越来越不自信。

如何增强孩子的自信心？这是很多父母关心的问题。很多家长会问到，孩子在社交方面看起来很害羞，不够自信，怎么办？

可以说，这几乎是所有人都会遇到的问题。作为成年人，我们在面对新的环境时，也许会感到兴奋，也许会有些焦虑。比如刚刚入职的新人，或多或少都会担心：自己表现得怎么样？别人会怎样评价自己？

这种焦虑体现在孩子身上更为明显。孩子在一个新的环境中，或者面对陌生人的时候，他会担心和害怕：和父母分开之后会发生什么事？陌生的人会对我做什么？如果我不小心做错了什么，会不会让爸爸妈妈不高兴？我有点不知所措，为什么爸爸妈妈没有陪着我？

01

有些父母，能够发现孩子的社交焦虑状态，也会想出相应的办法来陪伴和鼓励孩子，帮助孩子缓解内心的紧张情绪，增强孩子的自信，让孩子可以更大胆地去探索这个世界。因为父母能够接纳孩子的紧张，接纳孩子的真实状态。相当于父母给孩子提供了一个抱持的环境场。

这种支持的力量，可以让孩子感觉到，无论怎么样，爸爸妈妈都会在这里，父母是接纳他的。对年龄尚小的孩子来说，父母就是他生命中最重要的人，就是他的世界。如果这个世界不能接纳孩子的焦虑，孩子的焦虑将无处安放，就会变得越来越焦虑，越来越不自信。

当孩子在父母这边得到足够多的支持的时候，当孩子做好准备的时候，他们会有兴趣去接触那些新的环境、新的人，也不会像之前那么紧张和害怕。

自信，就是这样一步一步建立起来的。自信，就是在孩子和父母的关系里面，一步一步拓宽孩子的世界的过程。

02

不过，在现实生活中，我们看到的常常是另一种画面。

许多父母会对孩子说："这没什么好怕的，你大胆一些嘛！在座的都是认识的人，这些叔叔阿姨你都认识呀，你怕什么呀？"

你是否也曾对你的孩子说过类似的话语？这些话对于帮助孩子面对社交场合、建立自信心，可能并不管用。因为孩子的情绪体验并没有被父母接纳，反而一直被父母推着走向未知的环境。

如果父母可以接纳孩子焦虑的情绪，那么，建立孩子的自信就会更加容易。我们要告诉孩子在新的环境里可能会遇到的东西、可能会见到的人，告诉他应该怎么做，和孩子一起想办法去面对。

比如当你准备带孩子去参加一个亲戚朋友间的聚会，就可以告诉孩子，这是妈妈同学的聚会，会有一些妈妈以前的同学，也可能会有一些你从来没有见过的小朋友。你可以选择和他们一起玩，也可以选择待在妈妈身边。如果你不知道要做什么，可以问问妈妈，我们可以一起去发现些有趣的事情。

慢慢地，孩子就会在我们身上学到处理问题的办法和态度，自信就会逐渐内化到孩子的心里。

03

不知道你是否遇到过类似的场景：当孩子的玩具散落一地的时候，他感到无助、彷徨，甚至恼怒。孩子说："为什么我就是做不好呢？为什么我就是装不上这个玩具呢？"

这时你会采取什么态度呢？是不予理睬呢，还是失去耐心对着孩子咆哮几句？或者是很理性地跟他讲道理："你要用心啊！你要努力啊！你要尝试啊！"或是耐下性子，陪着孩子一起去完成这件事情？

孩子会在父母身上学到，如何去做好一件事情，以及面对困难、挫折的态度。但是，我们成年人自己常常不自信，害怕面对困难、挫折。我们不但没能好好地引导孩子面对，还把自己的恐惧、不自信投射到孩子的身上。一旦孩子遇到些挫折，我们要么失去耐性，要么就对孩子说些看似正确却毫无情感的道理。

04

我们小的时候，考试取得了不错的成绩，想跟父母分享我们的喜悦。但迎面而来的往往是一盆冷水："不要骄傲，继续努力，取得一点小成绩就骄傲成什么样子了？"

学习常常是家里面谈论得最多的事情，"不要骄傲"就变成了我们听过的最多的评语。这就是父母的一种情感隔离。我们的文化把骄傲变成了贬义词，把活力看成了羞耻。所以，孩子怎么能自信？太自信的话就等于骄傲，太骄傲了就有种深深的羞耻感。

孩子渴望能和父母分享自己的成就，并且希望父母能够为他的骄傲而骄傲，如果孩子内心深处可以确信，父母会为他感到骄傲的话，他就会产生莫大的自我价值感。

这对孩子来说，不仅是一种愉悦、快乐的感受，更是他在难过、受伤、挫败时的精神支柱。这就是父母对孩子的爱，这就是父母对孩子的信，内化到孩子的内心深处，就成了自爱与自信的源泉。

05

我们平常说的性格或是人格，就是孩子将在父母身上学会的态度和信念内化在自己的心里。我们在童年时期和重要亲人之间的关系，特别是和父母之间的关系，都会被我们内化到内心深处。我们的一生，我们的行为模式，就是内在关系投射到外部人际关系上的表现。

我们会把这些关系模式投射至外部的一切，比如你和恋人、同事、朋友之间的关系。而且，其关系模式也形成了我们的性格或者人生态度，比如自信、自爱、自责。自爱的人最自信。因为他们从小在父母那里感受到了爱、接纳、包容，感受到了和父母之间的情感连接，感受到了来自父母的情感支持。

孩子在成长的过程中，会经历很多事情，他会享受成功，也会面对失败。而最重要的是，在孩子的心中，他们是否能够确信，无论他们成功还是失败，父母依然会给予他们关注和支持。

自信源于自爱。自爱，是父母对孩子的爱内化至孩子的内心的结果。因为有爱，所以自信。

欣赏是对孩子最好的表扬

我们常常本末倒置，太注重目的，而忽略了在这个过程中和孩子的情感连接。

作为父母，我们都希望看到孩子比自己更出色，都会为孩子的每一次成长、每一个进步感到高兴。特别是现在的年轻父母，都认同孩子是需要表扬和肯定的。

比如当孩子完成了某件事情，父母就会对孩子说"你真棒""你好聪明"，但这类的表扬听起来很空泛，就像是条件反射一样。这种条件反射，对家长而言是一种安慰，就像是自己完成了一件功课，为了给孩子一个回应。

对于孩子而言，这也许会偶尔满足孩子的自恋，或增强些自信。但是，相较而言，这样空泛的表扬带来的弊端却更多。空泛的赞美，没有情感的连接。父母这种条件反射式的回应，也会让孩子产生条件反射。孩子为了能够得到父母的认同，会尽力地保持现状，以期得到父母再一次的赞许。这时，孩子就容易出现混乱，因为他一直不知道自己是因为什么而获得赞美的。

如果某一次父母忽略了孩子，让孩子产生了自我怀疑，他就会丧失继续做某事的动力。孩子会敏感地质疑，为什么他做了相同的事，画了相同的画，但父母却没有表扬他？孩子要的并不是一个空泛的赞美，要的并不是父母一个条件反应似的回应。孩子要的是父母带着欣赏的眼光，去看着他。

欣赏是最好的表扬，欣赏是最好的肯定。不知道你是否还能记得，在你的孩子刚刚开始学走路的时候，在房间里或公园草地上，孩子向前探索了几步，然后回头用目光寻找爸爸妈妈。当他看到父母正在看着他、向他报以微笑的时候，孩子也笑了。他知道他的探索得到了父母的欣赏和肯定。

也许我们当时并没有想让孩子走得更远，因为他已经走得不错了，但是，我们和孩子目光交流的那一刻，却巩固了孩子心中对快乐的渴望，也鼓励、支持他去探索这个世界。

这难道不是所有父母表扬孩子的初衷吗？只是有时候，我们常常本末倒置，太注重目的，而忽略了在这个过程中和孩子的情感连接。

作为父母，我们应该怎么做？

最简单的方法就是，了解孩子感兴趣的东西，和他一起进行互动游戏。但大多数的父母，常常没有时间，或者没有兴趣。所以才会进行那种条件反射式的、应付式的表扬："你好棒""你做得真好"。

无论是孩子还是成年人，都愿意甚至渴望与他人分享自己的兴趣爱好。孩子在这方面表现得尤为明显。如果父母对孩子的兴趣表现出积极的关注和热情，孩子就会产生更大的热情和主动性。这样的情感，不仅能够滋养孩子的心灵，还能培养孩子的自主创造性、表达能力和解决问题的能力。

即便我们没有很多时间参与到跟孩子的游戏互动中，也可以在语言上，尽可能多地表达出自己对孩子的情感支持。

　　比如我们可以对孩子参加的活动或者他做的某件事情，发表我们的看法。说一下父母留意到的一些细节，以及父母对此的感受。也可以让孩子分享一下，他在做这件事情的时候，是什么感受、有什么想法。

　　我们知道，孩子需要父母的认同，所以，我们要去表扬孩子。但表扬不是目的，表扬也不是工具。表扬，只是因为你从心里欣赏你的孩子，并通过行动告诉他，你欣赏他，你爱他。

　　一如我们蹒跚学步的孩童时代，面临第一次走路的恐惧与兴奋，只因每一步都有父母那温暖的目光，让我们坚毅地望向前方。

　　用心去欣赏你的孩子，是对孩子最好的肯定和赞扬。

让孩子学会听从自己的内心

孩子有自己的想法和界限，也会尊重别人的想法和界限。能够尊重自己、尊重他人，不会因为受到外界的干扰而影响了内在的声音。

电影里经常出现一句台词："Follow Your Heart."——要跟随你的内心。跟随你的内心，你就会得到你想要的。电影的男女主角经常都在关键时刻，发现和跟随了内心的追求。但为什么只有主角们才能跟随自己的内心呢？为什么我们想要去跟随内心的时候，却经常发现内心里面有两个声音在对话？最初这些声音是怎么来的呢？

先讲一个小故事：一位妈妈打算帮女儿扎辫子，小女孩并不想把头发扎起来，于是摇摇头。妈妈开始说一些理由："扎起来吧，扎辫子很漂亮呀！你看小朋友们都扎起来了。"小女孩还是说"不要"。妈妈无语，两分钟后，妈妈又说："扎起来吧，怎么样？"女孩还是摇摇头。

"你真的不想扎辫子吗？"妈妈问。

女孩的眼睛里亮起了光芒："嗯！"

讲到这里，我真的要称赞一下这个小女孩，她一直坚持着自己内心的想法，同时，我也以为她即将"胜利"了。然而，大概十秒钟后，她的妈妈似乎是自动忽略了孩子刚才的回答，又说了一句："那就扎起来吧。"

然后……没有然后了。这个故事的结局当然是妈妈"胜利"了，女孩最后还是扎了辫子。这个结局还不是最重要的，最重要的是，孩子跟随内心的动力被消磨了。也许在平时的生活中，类似的场景在不断地上演。

再说说我自己家里发生的故事：我母亲爱干净，整天把家里的地板拖得干干净净的，同时，她也希望孩子们都能够讲卫生。在女儿学走路、学爬行的日子，女儿经常会坐在地板上爬呀滚呀。有时候，奶奶会对她说："地板脏，不要坐地板。"但孩子天性爱玩，她会有一种内心的动力，推动她去做自己喜欢的事情。这时，小朋友的内心里会有两种不同的声音。

最初，孩子会注意大人的态度，不过我们知道，她的内心是想去做这件事情的。我们就鼓励她做自己就好，坐在地板上玩，弄脏了洗洗就好，也没什么大不了的。

尽管如此，但好像还缺少些什么。因为试过好几次，孩子想坐在地板上玩的时候，哪怕奶奶不在，她也会先问问我们："我可以坐在地板上面吗？"

我们依然告诉她，可以的。

这时候，她会再说："可是，奶奶说不能坐在地板上，地板脏。"

我再问她："你觉得呢？你的想法是怎么样的呢？"

她说："我觉得可以坐在地板上。"

我说："那就尊重你自己内心的想法吧。"

最后，孩子很愉悦地坐下去玩玩具了。

成年人对孩子的影响真的很大，奶奶也许只是说了几次地板脏，孩子就不能很好地释放天性了。虽说是疼爱孩子、关心孩子，但也限制了孩子的活动。

　　最初，我会去做奶奶的思想工作，告诉她家里的地板很干净了，而且每天都有拖地清洁。孩子天性喜欢这样玩，尽量不要过多地限制孩子的活动，只要没有危险就可以了。但是这种尝试是失败的，老人家口头上答应了，但是孩子的表达如实地反映了真实的情况。

　　后来，我才明白，奶奶怎么想、怎么做不是最重要的，孩子知道自己想要什么才是最重要的。家庭就像一个小的社会环境，社会环境中有各种各样的人，有各种各样的声音，我们应该在不同声音、不同意见中去认识自己真正的想法，跟随自己的内心才是最重要的。所以，后来我也没有再去和奶奶沟通这件事情，而是和孩子去谈她的看法。

　　在此之前，我们一直会和孩子强调，在家里、在学校、在社会中，需要遵守三个原则，即"不伤害自己、不伤害别人、不破坏环境"，这其实是尊重自己、尊重他人和环境的一个基本原则。无论是在家庭中还是在社会上，都是适用的。

　　所以，当孩子向你表达了他的想法后，只要他的想法和他的活动不违反这几个原则，我们就不要干涉孩子自己做决定，让他学会尊重自己内心的感觉。这样孩子就有了自己的想法和界限，同时也会尊重别人的想法和界限，能够尊重自己、尊重他人，同时不会因为受到外界的干扰而影响了内在的声音。

　　如果你觉得自己的孩子不够有主见，请记得时常看看自己是否过多地干涉和打扰了孩子的想法。

如何陪孩子消化那些难以承受的情感体验

好的父母可以作为孩子的情感体验的容器，并且对孩子不能承受的那些情感体验进行概念化，然后再将这些容易消化的内容返还给孩子。

一位妈妈给我留言说："孩子经常做噩梦，半夜醒来大哭，怎么办？"

告诉孩子："别怕，妈妈在。"

你也会这么做是吗？是就对了，这位妈妈也是这么做的。

但这位妈妈后面还有一段话："我一直在安慰孩子，妈妈在，别怕。但孩子还是好害怕、好难受的样子，最后就扑在我怀里哭。怎么办？"

"别怕，妈妈在。"怎么好像不太管用？

因为孩子体验到的是"怕"的情绪，但是他并不知道这个情绪是"害怕"，也不知道该怎么去面对梦境带给他的情绪体验。简单来说，就是这件事他还不能自己消化。

如何帮助孩子去自我消化这些不好的体验和情绪呢？一位朋友和我分享了他的做法。

某天，朋友和他三岁的儿子在家里看电视，他们家的电视是那种超大屏幕的。当时正在播放广告，忽然一头凶猛的猎豹从屏幕奔出。可能是他们家电视屏幕太大且高清，朋友形容说，感觉就像是猎豹从屏幕里跳出来了一样。他儿子当时吓了一跳，跟他说好怕，接着就哭了起来。

朋友看到孩子的反应，就抱着他说："别怕，爸爸在。"

但孩子还是挺害怕的，甚至说不要再看电视了。朋友情急之下，说了一句："那只是个广告。"广告？儿子听到他说"只是个广告"这句话的时候，情绪明显好了一些。朋友说，他这时似乎想到了解决方法。

于是，这位父亲就开始和孩子更具体地解释：这只是个电视广告，一个关于汽车的广告，他们想用一头猎豹来表达他们的想法。但是，这头猎豹刚刚出现的时候，就好像真的扑过来一样，所以让他觉得很害怕。他们之所以选择一头凶猛的猎豹，是为了显示这款车跑得有多快、多强悍，就像猎豹一样。

这个方法还真有用，孩子不哭了，而且，后来看电视的时候再看到这个广告片段，孩子也没有再害怕，甚至会对爸爸说："这只是个广告。"

这是什么原理呢？

英国精神分析学家比昂在他的阿尔法功能理论里提到了情感的分类，他把情感分为可以承受的情感体验和难以承受的情感体验。好的父母可以作为孩子情感体验的容器，并且把孩子不能承受的那些情感体验进行概念化，再将这些容易消化的内容返还给孩子。简单来说，就是为孩子的情绪体验命名。我的朋友，恰巧是不经意地做了这么一个工作。

首先，他接住了孩子的情绪，没有不耐烦，也没有觉得这是一件小事。要知道，很多成年人可能会认为，这是一件小事情，会跟孩子说电视是假的，那头豹子是假的，不会出来。但对孩子来说，他的这些情感体验都是真的，他是真的被这个画面吓到了，他身体的紧张、害怕、焦虑等体验都是真的。

这位父亲在抱持孩子情绪的过程中，不经意地说了一句"这是广告"，接着又详细地和孩子描述了广告的内容和画面给孩子带来的感受，最后再归纳总结：这只是个广告。经过父亲这个容器的加工之后，孩子就认识了这种情绪体验。因为有了父亲这个抱持性的容器，孩子的情绪得到了过渡，原来那种未知的害怕的体验，成了一个可以用语言描述出来的东西。

当一件事情或一种无名的情绪可以完全地表达出来，就不再是未知的、不确定的东西了。当父亲这个情绪容器很镇静、很稳定的时候，孩子就会更有安全感，那些难以承受的情绪体验就得到了消化，变得可以承受了。

而且，当这个孩子再看到这个广告的画面时，他已经学会自己转化和消化这些情绪，同时，他内在的情感空间也在逐渐扩大，这是非常重要的心智功能。

客体关系心理学家温尼科特就曾经提到过"抱持性环境"理论，英文是"holding environment"。提供抱持性的环境，能有效处理和减缓婴儿面临的无法处理的冲击，提供空间让婴儿"继续成长"，而这对他们的精神整合非常重要。

再来看看那个孩子做噩梦、半夜醒来大哭的问题。除了告诉孩子"别怕，妈妈在"，我们还可以再具体地描述一下孩子的经历体验："刚刚你做了一个噩梦是吗？这个噩梦是不是让你感觉很害怕？妈妈在，妈妈抱着你。"这比只对孩子说"别怕"要有用得多。

无论是孩子还是成人，在情感受挫时，如果能在一个环境中得到情感的支持与理解，让情绪在这个容器里释放，并且可以感受到宽容、关怀和支持的话，那么通过一段时间的调整和消化，我们就可以从难受的情绪体验中走出来，心灵也会因为这种环境的照顾而获得成长。

熊孩子哭闹时怎么办

孩子的内心会建立一种规则：我可以给别人提要求，别人也可以拒绝我，别人拒绝我不是因为我不好，拒绝的只是我提的这个要求而已。

有这样一则新闻：在一趟重庆飞往北京的航班上，一男子与其女友发生争吵，赌气之下，男子冲向机尾的应急舱门，要开门自杀，被飞机上的安全员制止了。这对情侣均是在校大学生。最后，警方对该男子处以治安拘留十五日的处罚。

这是长大了的熊孩子呀！尽管身体长大了，但内心还是处于婴儿的水平，心理滞留在婴儿水平的成年人在网络上有个热门的名称：巨婴。

01

巨婴，对应的是真正的小婴儿。

婴儿会感觉他跟妈妈是一体的，当他觉得饿了，妈妈就应该过来喂他吃奶。在婴儿的世界里，一发出需求，就渴求能够立即实现，否则婴儿就会产生失控感，很容易体验到彻底的无助。所以，现代客体关系心理学中，有很大一部分内容强调在养育婴儿时，及时的满足和回应有多么重要。

对于一个小婴儿来说，他主要的需求就是吃喝拉撒、睡觉玩耍，如果一个敏感的妈妈能够及时地回应婴儿的话，那么婴儿就可以得到基本的满足，他会觉得这个世界是可控的、安全的。如果婴儿没有得到及时的回应，就容易产生被抛弃感，同时会将不好的、愤怒的情绪投射到外部世界，认为是他人做了什么或没有做什么导致他很难受，所以他很愤怒，后果很严重。

当孩子逐渐长大，这种被抛弃感、不安全感还是会不断地演变。就算已经成年，那种婴儿般的自恋，还是会深深地存在于人格中。于是有了"巨婴"一说。

02

前面的新闻让我想起了我小学的一位男同学，大概是在读小学二三年级的时候，这位男同学坐到了我的前面，和另外一个女孩同桌。那个年龄的小孩子，总喜欢把男生女生之间的界限分得非常清楚，桌子上还刻着"三八线"。

那位坐我前排的同学，跟他同桌的女生打架，似乎是女同学占了上风。于是，他很委屈地在那里哭，最后还躺在地上哭，甚至打自己。女同学被这样的招数吓到了，好像很内疚，觉得自己做错了什么事情一样。

此后，每次和同学闹矛盾，这位男同学都惯用这招。因为他的思维还停留在婴儿的水平，他认为哭一哭，躺在地上滚一滚，这个世界就可以围着他转。特别是在现实生活中，很多人还会配合他的逻辑，比如他的家人和被他的行为吓到的同学。

03

　　我们经常可以看到，稍大一些的熊孩子，如果得不到想要的玩具，拿不到想要拿的东西，就会哭、会闹、会滚地板，甚至会对大人进行打骂。他们会用一切可能的办法，来控制成年人去满足他们的愿望。因为他们承受不了那份拒绝。

　　客体关系心理学家科胡特说："如果孩子长期暴露在父母不成熟的敌意或诱惑的回应中，将会引起他强烈的焦虑与过度的刺激，从而导致精神成长的贫乏。因为他的内驱力的很大一部分被压抑了，无法参与他心灵的发展。"

　　成年人会认为，这个孩子怎么这么无理取闹？怎么这么不讲道理？不就是个玩具吗。然后我们的坏情绪也上来了，这时，孩子的情绪就会更加不稳定。

　　对于孩子来说，他要的并不只是那个玩具，更多的是为了得到父母的爱、父母的回应、父母存在的安全感。玩具对他而言是他当下内心的世界，是他的一切。父母的拒绝，特别是带着情绪的拒绝，让孩子最初的那种不安全感、被抛弃的感觉被激发了。为了获得这种安全感，孩子就要使用一切可以使用的手段。哭，是最有效的办法。

04

　　通常情况下，家长们，特别是带孩子的老人们，因为心疼孩子，也因为自己受不了这种场面，只能妥协，满足孩子的愿望。但是妥协之后，又会继续抱怨孩子不懂事。

　　而孩子在与家长的这种互动中，学会继续用这种方式维护自己的安全感。就像某种行为模式一样，他们认为，只有用这种方法才能得到自己想要的。要控制别人，让别人听我的，让世界听我的。

　　自恋性暴怒则是出于完全控制的需要。自恋，即这个世界的逻辑必须围着我来转。如果事情不如我意的话，我就会暴怒，我就要毁灭你，甚至毁灭我自己，毁灭这个世界。比如文章开头提到的那则新闻，男子一言不合就去拉机舱门，以自杀吓唬女友，他的目的是什么？是"你得听我的"。

05

我们应该怎么做？

这是个很重要的问题，我们不可能什么都满足孩子，比如我们拒绝了孩子买玩具的要求，孩子哭闹，我们要怎么做？

前文讲了一些办法，就是给孩子一个"holding environment"——抱持性环境。当然，前提是我们要控制自己。因为这个时候孩子除了哭闹，甚至会打骂父母，我们要让自己的情绪保持稳定，同时允许孩子释放他的攻击性。通过以往家长和孩子的互动，孩子早已养成了这样的行为模式，他一定会以为哭得还不够，所以还会更大声、更猛烈地冲击你的情绪。如果你还能够控制住自己，那就算准备得差不多了。

这时，你可以抱着孩子，或者蹲下来看着他，温柔平缓地和他对话。无论你拒绝他买玩具的原因是什么，请如实地告诉他。同时跟他说："爸爸妈妈知道你现在不能买到玩具，很难过，当你难过的时候，我们愿意和你待在一起，和难过待在一起。如果你觉得难过，很生气，你可以哭出来，也可以喊出来。"

科胡特说："一个功能良好的心理结构，最重要的来源是父母的人格，特别是他们以没有敌意的坚决和不含诱惑的深情，去回应孩子驱力需求的能力。"

如果你可以和孩子进行这样的交流，你内心的焦虑会减少很多，孩子心里的焦虑也会减少很多。重要的是，孩子会有一种新的认知：他是没有被抛弃的，爸爸妈妈只是拒绝了买玩具这件事，没有拒绝他整个人。并且，爸爸妈妈可以允许他释放难过的情绪，而不会被父母惩罚。

让孩子在这个过程中一次又一次地体验到理解和接纳，孩子的内心会重新建立一种规则：我可以给别人提要求，别人也可以拒绝我，别人拒绝我不是因为我不够好，拒绝的只是我这个要求而已。当熊孩子的心智逐渐变得成熟，即使以后别人拒绝他，他也可以体谅对方的处境，学会其他更好、更合理、更有竞争力、更被社会认可的方式，并努力获得自己想要的东西。

孩子哭闹，是想要一个爱的证明

看到孩子行为背后的动机，去理解孩子。当真正走进孩子内心的时候，问题将不再是问题。

一位网友发来消息，咨询关于小朋友的事情。这位妈妈的女儿现在两周岁了，最近不知道为什么，总是比较容易哭闹。有时，正在玩的玩具掉地上了，女儿会说捡不起来。这位妈妈说，其实女儿是完全可以捡起来的，平时她也看到过孩子自己捡起来。但现在，孩子就说捡不起来。

然后，这位妈妈试图告诉孩子，她是可以捡起来的。但是孩子不理睬，似乎又像什么也没发生一样，继续玩其他玩具。妈妈想，这是孩子自己的事情，就由孩子自己来做吧，也没有去管。正当她准备拿出手机放点音乐的时候，孩子突然哭闹起来，要求妈妈停止播放音乐，给她捡玩具。

这位妈妈发问："我是应该捡起玩具给她，满足她的要求，还是不理她？如果她一哭闹，我就按照她的要求去做，是不是有些不妥当呢？她哭闹的原因是什么呢？"

孩子哭闹的原因是什么？这个还真的不能马上判断清楚，孩子哭闹也许是因为现实层面的挫折和无助，也可能是心理需求或情绪未得到满足。

01

怎么做呢？先来说说我自己的一个事例吧。

曾经有一段时间，我们家小朋友在看到别的孩子的时候，无论是大孩子还是小婴儿，她都会说类似"我不想和那个孩子玩""我不和那个小宝宝玩"的话，有时候甚至会重复地强调几句。

我们告诉她可以的："你想和谁或者不想和谁玩都可以，这是你的权利，但你只说一次就行了，另外你也不用当着别人的面来说。"

"你有你的选择权利，而且，那个小朋友也没说一定要你和他玩啊。如果我们当着别人的面直接说这样的话，别人会觉得难过的。而且，这样也不礼貌哦。"

我们经历过好几次，即使是别的孩子没有过来和女儿玩，或者只是在同一条路上相遇，女儿也会说上这么一句话。面对旁边的孩子的家长时，我们都觉得有些尴尬。同时也有点纳闷，到底是什么原因？这种情况，大约持续了一周的时间。

某天，我们坐地铁去儿童公园玩。在地铁车厢里，我们对面坐着一对夫妻和他们的孩子。小女孩很可爱，比我们女儿稍大些，穿着《冰雪奇缘》电影里面冰雪女王的裙子，估计也是去儿童公园玩的。两个小朋友之间并没有什么互动，但好像都注意到了对方。我能够听到女孩对她的父母说："她穿了米奇的裙子。"我女儿也有几次回过头趴在我们身上说："我也有冰雪女王姐姐的裙子。"

貌似两个孩子在用她们之间的方式，相互交流和吸引着对方。这时，女儿又说了那句话："我不想和那个小姐姐一起玩。"

我突然注意到，每一次发生类似的场景，当女儿说不跟对方小朋友玩的时候，其实两个孩子之间都是有交流的，也没有不愉快的情节，可见女儿并不是不想和对方玩。那是什么原因让她总说这句话呢？她说这句话的时候，也不是对着其他小朋友说，而是对着爸爸妈妈说的，和我们有什么关系吗？

我当时不知道为什么突然就产生了一种感应，转过身对她说："无论你跟不跟其他小朋友玩，我们都爱你，爸爸妈妈都爱你，因为你是我们的孩子。"

女儿笑了。后来，几乎没有再出现过那种情况。而我当时忽然想到的是，女儿可能是担心别的孩子把爸爸妈妈给抢走了。

02

看到孩子行为背后的动机，去理解孩子，当真正走进孩子内心的时候，问题将不再是问题。所以，怎么做呢？

现在我们就可以回复，文章开头提到的咨询小朋友哭闹问题的妈妈。

一、孩子哭闹的时候，可以蹲下来陪着她，并且温柔地问她："你现在觉得很难过，是吗？"用你的行动和语言与孩子共情，接纳孩子的情绪。孩子哭闹，也许只是想要一个爱的证明。而你的接纳，就是最好的证明。

二、告诉孩子："让我们一起处理好自己的情绪，再来完成这件没有完成的事。"把情绪和现实的问题区分开。

这样的目的是再次告诉孩子，她的情绪可以被接纳。如果孩子的确遇到了挫折，不能完成，就对孩子表示，父母愿意在一定程度上帮助她、支持她。如果孩子可以完成，请看下一步。

三、等孩子的情绪调整稳定的时候，可以和孩子确认一下事实。"妈妈觉得，你不是不能捡起来，而是想让妈妈帮你捡起来，是吗？"

这样做的目的，首先，可以帮孩子肯定她的能力，她有能力捡起玩具；其次，和孩子确认她真实的需求是什么，是"你可以捡起来，只是这个时候，你希望妈妈帮你捡起来"。

四、"但是妈妈没有帮你，你觉得妈妈不爱你，是吗?"可以问她诸如此类的问题，来了解孩子的想法和情绪是怎么样的。最重要的是，要明确地告诉孩子你对她的爱。

情绪处理很重要，孩子哭闹的时候不是任由他哭，也不要因为孩子有情绪而马上去做些什么，而是先帮孩子做情绪处理的工作，接纳孩子，允许孩子进行情绪表达。

当你能够做到让孩子的情绪被很好地接纳，孩子心智的成长就会再上一个台阶。这时，就可以进行下一步的工作了。

五、教孩子学会如何更好地表达她的需求。比如"如果你需要我帮助你的话，你可以用语言来表达。你哭闹着说话，妈妈未必能够马上明白你的意思，因为那时候，妈妈的注意力会在你的情绪上。而你用语言来告诉妈妈，你现在不想自己捡起，想让妈妈帮你，那妈妈就明白了"。

告诉孩子，要用语言来表达，而不是用哭闹来表达。也许，这不是一次两次就能收到显著效果的，但如果可以这样沟通的话，你会发现，孩子会越来越清晰地表达她的诉求，同时，也能学会更好地处理自己的情绪。

我们能做的，就是在跟孩子互动的过程中，去发现孩子的那些未被满足的需求或情绪，接纳它们，并鼓励和引导孩子表述出来。

如何拒绝孩子不合理的要求

有时候，孩子对父母提出要求，并不单单是想满足自己的需求和愿望，而是为了验证父母对他的爱。

曾经看到一则新闻：有个十岁的男孩，因为父亲不准他看电视，一气之下从二十层楼的卧室窗口跳下……

父亲为什么要禁止孩子看电视？想必是因为孩子把大部分时间都放在了看电视上，父母担心孩子的学习或身体健康。但孩子如此过激的行为，肯定不是由于一次禁止看电视而产生的。

01

我们经常在商场里看到这样的一幕：孩子拉扯着大人要买玩具，如果被拒绝了，孩子就会哭闹、跺脚、打滚，甚至会对大人进行打骂。他们会用一切可能的办法，来控制父母去满足他们的愿望。因为他们承受不了那份拒绝。

而父母会认为孩子无理取闹，最后，常常会出现这样两种结果：

第一，父母向孩子妥协了。家长因为心疼孩子，或因为自己受不了这种场面，没有办法，最后只能妥协，满足孩子的愿望。

而孩子在与父母的互动中，会继续用这种方式，并强化这种方式，去获得自己想要的东西。逐渐形成了一种行为模式，让他们认为，只要用这种方法，就能得到自己想要的东西。

这样的互动模式，等于父母在引诱孩子不断地突破底线。每当孩子的愿望没有得到满足，他就会用这种方式来解决，而每一次底线的突破都是问题的强化。

第二，父母直接惩罚孩子。直接拒绝了孩子的需求："不行""不可以"。当孩子继续哭闹的时候，就使用暴力手段来惩罚孩子、打孩子。孩子可能会因为害怕而停止哭闹，但是当父母惩罚或打孩子的时候，孩子心里会产生怨恨。

当孩子怨恨父母的时候，他们的内心是听不进任何道理的，只剩愤怒和害怕的情绪充斥内心。所以，父母总是使用这一套方法，孩子即使尝到皮肉之苦，依然学不会合理表达自己的需求。

02

面对孩子不合理的要求，大人和孩子都会产生负面情绪，情绪会激起情绪，敌意会引发更大的敌意。当父母面对孩子不合理的要求时，应该怎么做呢？

首先，要承认和接纳孩子的情绪。当孩子希望得到某样东西，而我们又没办法满足，或不能满足的时候，至少先承认孩子想拥有这个东西的欲望。

比如当孩子已经看完了一集动画片，还想再看一集时，你会怎么回应他？

"不行，你刚刚已经看过了。"

"不可以，怎么看这么久？眼睛不要啦？"

"你还希望再看一集动画片是吗？是的，我理解。只是今天我们看电视的时间已经够了，这是我们事先约好的规则，每天只看一集。"

父母可以感觉一下，哪种回复更有人情味儿一些？当我们承认了孩子的需求和愿望，就是在向孩子表达，我们可以理解他的感受。即使这样的回复不能让孩子停下看电视，但至少这不容易激起孩子的不满情绪。

其次，当我们对孩子进行限制的时候，不要抱怨，抱怨容易激起情绪，情绪容易刺激自尊。比如"今天的电视已经看完了，我们应该做其他的事情了"，会比你说"不能再看了，你整天就知道看电视，看完还想看。快点去写作业/睡觉……"更容易让孩子从看电视的需求切换到其他事情上来。

03

人与人之间的沟通，70%是情绪，30%是内容。有时候，孩子对父母提出的要求，并不单单是为了满足他的需求和愿望，而是为了验证父母对他的爱。

父母的拒绝，特别是带着情绪的拒绝，很容易激发孩子内心的不安全感。他会认为，拒绝就是不爱，所以孩子很多时候情绪失控、哭闹打滚，表面上看是为了得到玩具，实际上是为了获得父母对他的爱的证明。

怎样培养孩子的自控能力

当我们的情绪足够稳定的时候，和孩子之间的沟通才是有效的。

如果父母对孩子的限制比较清晰，而且在限制和拒绝孩子需求的过程中，承认孩子的需求，没有激起孩子的情绪，孩子通常都会遵守父母制定的规则。但是，父母仍然会碰到孩子想打破规则的时候，比如看电视或者玩游戏。

01

很多家长反映自己的孩子没有自控能力，一旦疏于管理，孩子不是玩游戏就是看电视，有时候说再多也没有用。那么，家长应该怎样从小培养孩子的自控能力？当孩子违反了规则的限制时，该怎么办？

同样地，我们需要先处理情绪，特别是处理自己的情绪，因为孩子会通过我们学会如何处理情绪。自控能力，指的就是人们能够自觉地控制自己的情绪和行动。

孩子之所以会偶尔打破规则，可能是因为他正处于情绪高涨的时候，比如那集电视的情节特别吸引他，那款游戏他正玩得特别兴奋。当孩子发现自己的行为已经越过了限制的范围，他会感到不安，因为这意味着他可能会受到父母的惩罚。

所以，当父母不能很好地控制自己的情绪，一脸兴师问罪地去斥责孩子的时候，就会把父母和孩子之间的关系推到最初的阶段。情绪激起情绪，孩子会在情绪中索求父母对他的爱，因为情绪让他觉得，父母正在限制的不是具体的事物，而是对他的爱。

02

当我们情绪稳定的时候，我们和孩子之间的沟通才是有效的。家庭中经常出现一种情况，当孩子看电视时间过久，我们告诉孩子时间到了，他会和你讨价还价。这便是应该和孩子再次明确和强调规则的时候。

先承认孩子还想看电视的欲望，并表达出来："是的，你还希望再多看一会儿电视。"让孩子感受到你对他的理解。

再明确地说出之前和孩子约定好的具体规则："我们不是已经说好了，每天只能看一集吗？"同时，继续强调彼此之间约定好的规则："你可以在明天约定的时间看下一集。"让孩子感觉，在规则之内的需求，不会因为今天的讨价还价受到威胁。

坚守约定的规则，并帮助孩子说出他失落的情绪。比如：

"你是不是希望没有这样（每天看一集）的约定？"

"你希望想看多久就多久，是吗？"

"你希望能够一直看动画片长大，是吗？"

"等你长大以后，你和你的孩子，再重新约定个看电视的规则好不好？"

孩子的自控能力，其实也是对父母底线的探测。如果父母没有底线，孩子自然学会了不断突破规则的边界；如果父母情绪不够稳定，孩子自然学会了用哭闹来向父母索求。

用心理学家科胡特的话来说，这是"不含敌意的坚决"。

03

很多父母之所以会对孩子的行为产生情绪，很重要的一个原因，就是觉得自己的权威受到了挑战，于是敌意激起敌意。你以为你在维护规则，孩子可能感觉他在打破控制。

培养孩子的自控能力需要时间，更要有耐心！而耐心，是建立在父母情绪的稳定和对规则的坚定之上。

一定要循序渐进，切忌操之过急。父母需要与孩子进行多方面的沟通，了解孩子的真实想法和情绪世界。同时也要关注自己的情绪，别让情绪牵着鼻子走。

父母是孩子人格的基石。当我们能够在孩子面前稳定自己的情绪，孩子讨价还价时不含敌意地坚决维护着约定规则的时候，这些就会内化到孩子的心里，这些行为模式就会慢慢成为孩子的自控能力。

培养孩子的自控能力，不是控制和限定孩子的行为规则，而是父母的言传身教。

孩子的世界，源于父母给他的人生信条

也许在年龄上，孩子已经长大了，甚至都已成年。但是在心理上，在他的灵魂深处，他还是那个一直被父母否定的、无力的小孩。

生活中经常看见，因为孩子年纪还小，父母、长辈什么事情都不让孩子做。当孩子要自己穿衣服的时候，当孩子想尝试自己吃东西的时候，当孩子想要给大人帮忙的时候，也许出于对孩子的照顾，也许知道孩子真的做不了什么，我们常常会对孩子说："你还小，不会啦。"

久而久之，孩子便开始有了一种信念："我还小，不行的。"

01

有位研究幼儿心理的同行和我分享了一个故事：

他们幼儿园接收了一个孩子，比起同龄段的孩子，这个孩子各方面的发展都比较慢，他有个口头禅："我还小，不行的。"

　　吃午餐的时候，老师会鼓励每个孩子自己收拾好餐具，把餐具统一放到回收处。其实很简单，只是个餐盘和勺子，孩子们都可以拿起来。但这个孩子对老师说："我还小，不会收拾。"于是，他就不收拾。

　　午休起床后，老师会鼓励孩子自己叠好被子，过程也不复杂，并非要求孩子叠得多好多整齐，不过是希望可以建立孩子自主自理的态度。这个孩子依然对老师说："我还小，不行的。"于是，他也不参与。甚至，有些户外活动和游戏，他也会拒绝参加。

　　学校的老师和家长进行过一次面谈，这才了解到，孩子出生的时候患黄疸腹泻，一直以来免疫力都比较差，所以在家里被当作手心里的宝。捧在手里怕摔了，含在嘴里怕融了，什么都不让孩子做。而他们经常对孩子说的一句话就是："你还小。"孩子慢慢地就认同了这句话。

02

　　心理学里面有个常用的概念：投射，即将你的情感和想法，归结在另一个人的身上。而孩子接收到了父母投射的内容，并且认同了，就越来越不敢展现自己真实的样子，而越发变成了父母投射过来的样子。

　　随着孩子慢慢长大，很多本该可以做的、懂得做的、会做的事情，他从被动地不能参与，变成了主动地不愿参与。那对于这种情况，要采取什么办法呢？

　　朋友又给我讲了个故事：话说很久以前，非洲某部落有个传统，年轻人结婚前要先学会捉牛，只有捉了足够的牛，作为聘礼送给女方家庭，才有结婚的可能。部落的人会根据一个男子给女方的母牛数量，来衡量这个女子在家族中的分量。最少的是一头牛，最多的是九头牛。

　　有一天，一个青年对酋长说，他愿以九头牛作为聘礼迎娶酋长的大女儿。酋长有两个女儿，他听了之后忙说："九头牛的价值太高了，大女儿不值，不如改娶小女儿，小女儿值九头牛。"

但青年说，他爱上的是大女儿，坚持要娶酋长的大女儿为妻。

一年后的一天，酋长经过女婿家，看见里面正在举行晚会，一大群人围成一圈，正欣赏一位美丽的女郎载歌载舞。酋长十分好奇，便去问他的女婿，这位美丽的女子是什么人？怎么在自己部落都不曾见过？

女婿说："她就是你的大女儿啊！"

年轻人以"九头牛"的价值来对待他迎娶的妻子，妻子也确信自己有价值的时候，便产生了脱胎换骨的变化。

03

朋友说，对于孩子，他们也会做出这样的投射：你行的。

他们的幼儿园不大，班里的孩子都是混龄的，朋友把每个孩子的年龄进行排序，然后在班里和孩子玩有关年龄的游戏。这个游戏的目的，是让那个孩子知道，他的确还不大，班里有比他大的孩子，但他也不是最小的，因为班里有比他更小的孩子。

有了参照物之后，看到比自己还小的小朋友都可以单独去做一些事，这个孩子的认知就开始改变了。"我还小"的理由，似乎在这个游戏中不能用了。老师也在游戏时不断地鼓励孩子，让孩子慢慢找回自己的力量。

再看看我们平时和孩子的互动，是否也经常对孩子进行各种各样的投射？

"你不行。"

"不可以。"

"你还小，你不懂。"

"一看就知道你不行！"

"你怎么这么没有用！"

"你怎么那么笨！"

"你怎么就不如别人！"

"我怎么会生出你这样的孩子！"

有时候，最伤害孩子的，恰恰是这些来自父母的语言，因为里面包含了父母对孩子的投射和暗示。

父母都会希望孩子好，希望孩子能行。但希望归希望，在意识层面，我们常常在嫌孩子这也不够，那也不好。这些常常提到的话语，难道不是在告诉孩子，你这方面弱，你那方面不行？

戈培尔说："谎言说过一千遍就成为真理。"

当你一次又一次地对孩子重复"你不行""你不懂""不可以""你怎么这么笨"的时候，这会不会就变成了孩子的人生信条？

也许在年龄上，孩子已经长大了，甚至都成年了。但是在心理上，在他的灵魂深处，他还是那个一直被父母否定的、无力的小孩。当幼小的生命，在这样不被信任的环境下长大，他又能有多少力量去相信自己的人生？

04

《美国商业内幕》杂志上有篇关于天才的研究文章：

美国有个教育部扶持的研究小组，从1971年开始，跟踪了五千个天才，跟踪研究他们的成长轨迹，已经积累了四十五年，这是史上最长的一次关于天才的调研。

研究发现，一个孩子是否聪明，和先天遗传有绝对的关系，但他将来能否有所成就，很大程度上取决于后天的培养。即使是拥有最高智商的天才，也需要通过家庭和学校的帮助，发掘出最大潜能。

让人惋惜的是，这五千个年幼时就智力超群的天才，并未都取得大的成就，其中很多孩子到了青年、中年时期就已泯为众人。最大的原因就是，这些孩子并没有得到家长和老师的关注。

还有一个实验：科学家去学校里，对一群智商普通的孩子说，他们是天才，未来会是栋梁之材。孩子们相信了，他们的老师和家长也相信了。而这群孩子在以后的日子里，真的越来越优秀。

对于孩子来说，父母是他的世界。当这个世界否定他的时候，他也学会了否定自己；当这个世界信任他的时候，他才能开启自己更广阔的人生。

孩子的世界，源于父母给他的人生信条。

让你的信任住进孩子的心里

每前进一步，都源于父母对孩子的信任与陪伴。

有一部非常火的印度电影《摔跤吧！爸爸》，讲述的是一位获得过摔跤冠军的父亲，偶然发现了女儿在摔跤方面的天赋和闪光点。于是，在重男轻女的社会里，他顶住一切压力，在所有人都不看好的情况下，培养女儿。最终，她成功地站在了最高的奖台上面。

电影很励志，很多看过这部电影的朋友，都说被感动到泪目。流泪不仅是因为这部电影励志，更是因为励志背后那种无条件的信任。

01

先说一个孩子的故事。有个孩子，读小学的时候成绩还可以，中学时成绩开始下滑，也逐渐失去了老师的重视。

那时候，判断自己是否是老师眼中的好学生，有个很准确的验证方法，就是看老师安排的座位。排除身高因素，如果你的座位被安排得比较靠后的话，那几乎可以理解为，老师对你是不重视的。所以，他也认为自己差不多就这样了。有段时间，还有点破罐子破摔的感觉，迟到、旷课、抽烟、打架，无所不有。班主任对他也毫无好感和信任。

记得有次要交一项费用，他在课间走进办公室，把钱交给了班主任，班主任给他找了零钱。他接过一看，钱找多了。当时还犹豫了一下，是否要拿着钱走掉。但他还是把钱还回去了，并不是因为他有多高尚，他当时真实的想法是，钱太少了，如果多一些的话，也许就不会还回去。于是，他对班主任说："钱找错了。"

他依然记得，班主任的眼光充满不屑、质疑以及不耐烦："怎么错了？哪里错了？"

没等班主任说完，他便回了一句："你多给了我两元。"

班主任换了个笑脸，把钱收回去了，也没说一句"谢谢"。

而旁边的一位老师对他和班主任说："某某老师，这是个好孩子。真好，你们班还能有这么好的孩子。"

在班主任的眼里，他一直是一个不上进的孩子，他也认为自己就是这个样了。因为从未得到过足够的信任，所以也不能相信自己，直到听到这位老师的话。那是他读中学以来，第一次听到老师的夸奖。从那之后，他慢慢有了变化，尽管学习成绩依然不怎么样，但至少知道，人生不能破罐子破摔，因为破摔了，罐子只会更破——是的，我就是那个孩子。

信任，就是自我治愈的开始。

02

有没有这么一个人，在你自己都不相信自己的时候，他相信你，他让你也相信自己、发现自己？著名童书作家彼得·雷诺兹的代表作——绘本《点》就讲了这样一个故事：

一个名叫瓦士缇的小朋友上美术课，整节课程结束了，她还是一动不动地坐在椅子上，因为她的图画纸上面什么都没有。她说自己不会画画，所以她完全没有动笔，根本不知道要画些什么。

美术老师没有责怪她，反而幽默地对着那张白纸说："啊！暴风雪中的一只北极熊。"

老师的幽默并没有让瓦士缇开心："我就是不会画画！"

"那就随便画一笔，看看能画出什么。"瓦士缇的老师请她随意地表达自己。

因为自己都不相信自己能够画出什么来，瓦士缇充满了坏情绪。于是，她在那张空白的图画纸上，用画笔狠狠地戳了一个极其普通又充满愤怒的点。

老师拿着图画纸仔细地看了一番，然后把图画纸推到瓦士缇面前，请她在上面签名。后来，瓦士缇走进美术教室的时候，惊讶地发现，她在白纸上狠狠一戳的这个点，居然被老师用画框装帧起来，挂在了办公桌上方。瓦士缇开始觉得，自己还能画出比这更好的点的画作。

如果我可以画一个点，那么，我也可以画很多个点。

如果我可以画小小的点，那么，我也可以画大个儿的点。

如果我可以画一种颜色的点，那么，我也可以画很多不同颜色的点。

她开始不断地尝试，画各种各样的点。她开始越来越自信，创作不同灵感的画作。她画的各种点的画稿，甚至成了学校里面独特的风景线。瓦士缇成功了，从一个不知怎样画画，甚至愤怒到不愿意画画的孩子，变成了一个有自己风格的、小有名气的小画家。

瓦士缇是幸运的，幸运的是，她发现了自己以前没有发现的地方，但这不算是最幸运的，最幸运的是，她获得了美术老师对她的信任。

信任，就是自我成长的发现。

03

心理学中有个很著名的实验，叫视觉悬崖实验，实验研究的是婴儿大概从什么时候开始具备深度知觉。

实验设置了一个平台，婴儿可以从一端爬向另一端。平台上有一段下方是空的，上面是一层厚厚的透明玻璃，婴儿爬过去是很安全的，但是看起来会让人害怕。这种感觉，就像你站在上海环球金融大厦观光大厅一样，距离地面几百米的观光长廊，长廊的地面是用透明的玻璃铺设的，尽管我们意识里都知道，在上面观光是安全的，但仍然会有些许害怕的感觉。

之所以提到这个实验，是因为前不久有一个"妈妈的一个微笑助孩子穿过一片火海"的视频节目重演了这个实验。节目组布置了一个视觉悬崖的环境，让孩子和妈妈分别处在"悬崖"两侧，看孩子是否可以战胜心中的恐惧，成功通过"悬崖"。

孩子本想向妈妈那边爬过去，但是到了悬崖旁边，进退两难，再看看面无表情的妈妈，就原地返回了。后来，节目组让那些妈妈在"悬崖"末端，以很大的耐心，伸开双臂做拥抱的姿势，始终面带微笑地呼唤孩子。结果，一部分之前不肯爬过去的孩子，在经过了试探、犹豫和不安之后，还是选择爬了过去。

已经具有深度知觉的孩子，在面对"悬崖"时是会感觉到害怕的，看起来往前爬也许会有危险。但是，面对妈妈的呼唤和笑容，他们克服了心中的恐惧，爬了过去。因为妈妈在那里，因为信任在那里。

信任，就是自我力量的源泉。

04

每一次前行，都可能会像婴儿爬视觉悬崖一样，犹豫、不安，进退两难；每一次学习，都可能会像瓦士缇学画画一样，赌气认为自己永远不可能画成；每一次成长，都可能会像中学时期的我一样，放弃到破罐子破摔的地步。但这些孩子都幸运地遇到了一个人，对他说：

"我相信你。"

每个孩子的成长，都是在试错。第一次学走路，第一次学骑车，第一次独自出远门……每前进一步，都源于父母对孩子的信任与陪伴。即使生命不完美，你仍然愿意尊重和爱惜他；即使前路布满荆棘，你仍然愿意鼓励和陪伴他；即使人生苦难重重，你仍然会告诉他，你是我的骄傲。

信任，是自我疗愈的开始；信任，是自我成长的发现；信任，是自我力量的源泉；信任，就是爱。那些从不轻言放弃的传奇，都曾有一个人，用生命去相信和守护。

如果可以，请让你的信任住进孩子的心里。因为每个生命，都是传奇的开始。

放手，是最好的接纳和祝福

　　一些父母无法接受孩子的独立，无法面对孩子的成长，更无法承受成长规律带来的分离焦虑。

　　不知你是否有过类似的经历：当你想去一个远方的城市求学或工作的时候，你的父母给你各种建议，希望你留在家乡；当你准备结婚的时候，你的父母告诉你，不想让你嫁到那么远的地方，最好还是找本地的对象。你的父母是否曾用各种理由或方法，希望你留在他们身边？

01

　　收到一位网友发来的一封长长的邮件。他说他今年读大四，正准备实习找工作。他原本很想去北方的城市读大学，但父母不支持，说是担心他一个人在外地生活辛苦，在家乡起码有家人照顾，周末还可以回家喝汤……最终，他报了本地的一所大学。

他从小就生活在这个二线城市，对这里已经熟得不能再熟了。他真的特别想出去看看其他的地方，去看看不同的人和事，去其他的城市体验一把异乡的感觉。这种感觉在他刚刚读大学的时候非常强烈，今年面临着毕业找工作了，又开始焦虑和担心。

他依然想去一线城市拼搏一下，但父母一再告诉他，大城市生活压力大、节奏强，会过得很辛苦、很吃力的。然后，又列举了一些周围的亲戚朋友的例子，很多人在外打拼了几年，最后还是回到家乡舒舒服服地过日子。不如就留在本地，父母还可以走走关系，帮他找个安稳的工作，稳稳当当地娶妻生子，到时候老两口还可以帮忙带孙子，何必折腾呢？

这位朋友说，他真的很想出去走一走，但也禁不住会担心，自己是不是确实不适合去一线城市打拼。同时，他对父母又怀有一种内疚的心情。他说，总觉得自己离开了，父母会很难受，自己也想在家孝敬父母，但又想出去看看外面的世界。

该怎么办？

02

先来说说近期的一部电影《冰河世纪5：星际碰撞》，讲述了父母和子女在分离中各自成长的故事。

猛犸象曼尼与艾丽的女儿——桃子慢慢长大，而且还有了男友朱利安。担心自己会因此失去女儿的父亲曼尼，对朱利安并不友好，甚至会有意无意地打击朱利安，希望他能知难而退。象妈妈艾丽尽管接受了毛脚女婿，但依然舍不得孩子离开她。特别是当桃子提出要和男友朱利安进行旅行结婚，并离开父母独自生活时，这对猛犸象父母感受到了空前的危机和焦虑。

象妈妈还请其他动物们帮忙，上演了一出未来生活的大考验，并列举了生活的种种困难，来阻止女儿独立的家庭生活，试图把女儿吓住，从而留在自己身边。女儿没有被生活的难题吓倒，甚至迅速想到了每个问题的解决方案。结果是，桃子和父母大吵一架，以示反抗。

当孩子渴望拥有自己的生活时，父母越是想牵绊住孩子，孩子越想逃离。因为，这是成为自己的动力。

03

成长，意味着分离。这是生命的必然规律。父母所占的位置会越来越小，父母在孩子心中的形象也会越来越小。孩子逐渐长大了，会渴望拥有自己的空间，渴望接触更广的世界，渴望拥有自己的生活。

然而，很多父母并不能意识到这点，在他们心中，孩子似乎永远长不大，而他们，永远都要为孩子操心。或者说，很多父母并不愿去接受这一点。

尽管，这种爱可能会让孩子的自我功能削弱，会让亲子关系变得糟糕，但他们很难放下。因为，一些父母无法接受孩子的独立，更无法面对孩子的成长，无法承受成长规律带来的分离焦虑。

如何对付这些分离焦虑？很多父母会借此不断地发掘儿女的"问题"，借着这些"问题"，告诉儿女：你还不够成熟，你还不够完美，你还需要我的帮助，你还离不开我。比如很多父母常常担心孩子的学习问题，继而担心孩子的工作问题，再往后是担心孩子结婚生子的问题。

父母不能处理好自己的焦虑，孩子的问题自然变得越来越多。

04

其实，分离的焦虑，孩子同样也有。我还记得在读中学时，网吧开始在我们的小镇兴起。那年大年三十的晚上，我和几位死党相约吃过晚饭就去网吧玩。在去的路上，我们都或多或少有些内疚感。尽管青春的荷尔蒙总是能够战胜一切，但当时的那种内疚，至今仍记忆深刻。这么重要的节日，怎么可以这样跑出来玩，而不去陪伴家人呢？

电影《冰河世纪5》中，猛犸象的女儿结婚的那一天，她表现出了担心和焦虑。那种焦虑，既是对离开父母的焦虑，也是对自己身份转变的焦虑。

结婚，意味着告别女儿的身份，将要成为一个妻子或母亲的角色。那种感觉，就仿佛是背叛了父母，背叛了原生家庭一样。这样的分离时刻，孩子的内心很容易产生内疚感。父母的祝福在这个时候是非常重要的。

我们常听人说不被祝福的婚姻是不幸的。放在这里，可以理解为，带着对父母的内疚去爱一个人，而这样的爱会变得越来越沉重。

所幸，在电影《冰河世纪5》中，还有一位不可或缺的角色，就是那只锲而不舍地追松果的松鼠。偶然引发的宇宙事件，让地球好像面临世界末日一般。而此时，猛犸象曼尼对妻子由衷地说："我只想看到她幸福快乐就足够了。"

他们的放手让女儿很感动，家庭里的爱又自然地流动起来了。在女儿婚礼上，在女儿焦虑的时候，是象爸爸来鼓励女儿走出去，去过自己的日子，去迎接自己的幸福。唯有这样，子女才能真正地不带内疚地走出父母的世界，拥有属于自己的人生。

世间所有的爱都指向团聚，唯独父母的爱指向别离。因为，父母主动和孩子分离，才能让孩子拥有独立的人格，才能让孩子不带内疚的包袱奔走在人生的道路上，去追寻他生命的意义。

爱和分离，同样重要！放手，是对孩子成长最好的接纳和祝福！

05

如果你是父母：

一、要知道，你有你的世界，孩子有孩子的生活，如果你希望孩子拥有他的人生，请尊重孩子成长的选择。

二、不要只发掘孩子的问题，而该多反省自己，孩子离开你，你是否很焦虑？

三、丰富自己的生活，把重心放到自己的生活上来。

如果你和文章开头那位网友一样，有着类似的困扰的话：

一、要明白，无论是关于婚姻还是学业，请记得告诉自己，父母进行干涉，不是因为他们不爱你，而是因为他们太爱你。爱的浓度太高了，在心理上还没分化，舍不得和你分开。

二、记得告诉自己，不必内疚。你的成长，才是对父母的爱的延续。这是每个人成为自己的必经之路。

三、温柔地告诉父母，你爱他们，你是他们的儿女，但你也将有自己的生活、自己的家庭。但无论怎么变，你都爱他们，而且他们在你心里占有一个很重要的位置。

最后，记得把父母没有活出的精彩，连本带利地活出来。

PART 4

了解孩子成长背后的心理动力

有边界才有自我，有拥有才有分享

与人分享，本该建立在内心自愿的基础上，只有这样的分享才是真情实意的，不是迫于外界的压力，或讨好他人的需求。

"什么东西都要放到她期望的位置上，别人动了，她就很不爽。这是强迫症吗？还有，我该怎样教她分享呢？我买给她的东西，我都不能动……"一位朋友来跟我诉苦，他觉得自己三岁的女儿不懂与人分享，甚至还有点强迫症的表现。

我对朋友说，不要轻易给孩子贴上症状的标签。孩子在这个阶段，处于自我边界感正在形成的过程。也许，她看起来会有些敏感，甚至有些过分的表现，因为她内在世界的自我正在建构，这个内在世界和我们的国土疆界一样，是有边界的。

这是心理的边界，它能够促使孩子在内心世界里面，形成一种规则和自我的意识。孩子的成长过程就是自我建构的过程。

最初，儿童是通过占有属于自我的东西，来区分自己和他人的。

因为只有当孩子拥有了自己的东西，而且他对这件物品拥有绝对的控制权、所有权的时候，他才能够感觉到"我"的存在，这就是自我的延伸。

然而家长常常会对此感到不解，有时候会为此感到难堪。甚至会用成人的眼光，习惯性地把孩子的行为解释为自私的表现。比如我这位朋友提到，即使是他买给孩子的东西，孩子也不允许他动。看得出，朋友为此事很苦恼，而且他很想了解如何能够教会孩子与别人分享。

我们买的玩具，无论是孩子主动要的，还是送给孩子的，到了孩子的手上，就是属于他的东西了，那么孩子就有权利处置他的物品。

现实生活中，我们常常会碍于成年人之间的面子，要求自己的孩子做出礼让和分享。当孩子不愿意的时候，成年人就觉得尴尬了。有的父母会诱导，甚至强制要求孩子与他人分享玩具。比如我们常常听到"你怎么这么不乖？你怎么这么自私？快点给小朋友玩儿一下"，或是"大方一点嘛！和别人分享的孩子才是好孩子，这样真棒"。孩子可能会迫于无奈而听从父母的命令，很不情愿地和别人分享了他不愿意分享的玩具。这会让孩子觉得，为什么自己的东西，并没有被真正地拥有，而且随时有可能被别的孩子抢走？

如果强制让孩子把自己的东西分享给别人的话，也会容易让孩子产生另外一种认知：我的东西被强制性地与别人分享了，那么我是否也可以用这种方法来得到别人的东西呢？

这样会让孩子对自己能否控制自己的东西产生怀疑，让他产生一种不安全感，孩子就会变得不能也不愿意去真正分享，因为他无时无刻不处于害怕自己东西被掠夺的状态。所以说，当孩子从未感觉到真正的拥有，他也不可能愿意真正去分享。

同时，这样也会破坏孩子内心的安全感，破坏自我的心理边界。当孩子的边界不被尊重时，孩子自然也学会不尊重他人的边界了。

在父母的诱导之下，孩子为了得到父母的认可，尽管不情愿，但也把自己的东西分享出去了。因为只有这样，他才是父母眼中的好孩子、乖孩子；只有这样，才是别人期待的正确的生活方式。

慢慢地让孩子的自我建立在他人的评价之上。

我们不能够真诚地面对自己的内心，变得在意别人的评价和看法。我们很难去拒绝别人，因为会觉得不好意思，又或者怕伤害双方的感情，甚至担心别人对自己有意见。这种痛苦和纠结的行为模式，常常就是在这个时候灌输给了孩子。

与人分享，本该建立在内心自愿的基础上，只有这样的分享才是真情实意的，不是迫于外界的压力，或讨好他人的需求。

那么，如何让孩子愿意真正地、发自内心地去享受分享的乐趣呢？

第一，你需要尊重你的孩子，让孩子对属于自己的东西享有拥有权和处置权。父母可以给出建议，但不要干涉。

第二，当孩子面临被分享的情况时，明确地告诉他，这是你的东西，你可以选择分享，也可以选择不分享，这是你的权利，不涉及对错。

第三，当你的孩子想要分享你的东西时（比如孩子想要玩你的手机），你不愿意，也可以明确地告诉他，这个物品有其他用途，并不适合和他分享，但是爸爸妈妈很爱他，愿意和他分享其他东西。

孩子害怕被拒绝，因为孩子总会认为，拒绝了就是不爱了。孩子都希望得到父母的认可，只有得到了认可，才算是得到了爱。所以，当你拒绝孩子的时候，请记得告诉他，你很爱他！

在生活中，慢慢培养孩子的边界感。当孩子建立起自己的边界感的时候，就能懂得尊重他人的边界；当孩子能够区分对事和对人的态度时，就能做到拒绝别人不合理的要求。被别人拒绝的时候，他也能坦然接受；和别人分享的时候，也是发自内心的高兴。

争抢玩具是教孩子尊重边界的好时机

不仅尊重了孩子的边界，同时也在告诉孩子，我们要尊重每个人的边界，尊重每个人对自己物品的处置权。

现实生活中，难免会出现孩子之间因为玩具起了争执。我们应该怎么处理这种情况？

前面的文章中我们提到了，只有真正拥有了，才能真正地分享。

这是儿童早期自我形成的一个过程。在这个过程中，感受"我"和"你"的不同；在这个过程中，区分"我的"和"你的"；在这个过程中，建立自我的边界和他人的边界。

得到的目的，并不只是拥有物品本身，更重要的是获得背后的意义。如果得到太难的话，我们就会忽略得到背后的意义，而仅仅把注意力集中在获得的物品本身。

二胎政策放开之后，就产生了很多关于"如何让老大接纳弟弟妹妹到来"的讨论。曾经看到有人说，一个男孩不想妈妈生二胎，对妈妈边哭边威胁，说要是父母敢生二胎，他就去死。

这就是婴儿时期的原始嫉妒阶段。对婴儿来说，妈妈是他的世界，妈妈的爱，也只能是他一个人的，他要得到妈妈所有的爱，不能让将要出生的弟弟妹妹分享。爱，从来都是从独占发展到分享的。

倘若从未真正得到妈妈的爱，从未得到情感的满足，孩子就会忽略了爱的意义，而专注于得到妈妈爱他的具体表现。于是，孩子就会觉得，如果妈妈生二胎，就不爱他了，而弟弟妹妹则是来掠夺妈妈对他的爱的。

所以，在"如何让老大接受老二"的讨论中，其中一个关键要素就是，不断地重复向老大确定，无论怎么样，父母都是爱他的。

很多父母都有过类似的经验，当其他的孩子来自己家里玩的时候，自己的孩子不愿意和别的小朋友分享玩具。就算是他自己不想玩的，或者很久没玩过的玩具，他也不让别的孩子碰。

成年人习惯把孩子的这些行为视为自私的表现，甚至很多父母还会在客人面前对孩子说："你怎么越来越自私了？你怎么什么都不让别人动？别人只是玩一下你的玩具，又不会要你的东西，你怎么这么不懂事？"

这样很容易形成恶性循环。孩子会变得越来越不愿意分享，因为每一次所谓的"分享"，对于孩子来说，都有自己的物品被掠夺的感觉。而来自己家里做客的孩子，就成了掠夺者。

这个时候，如果您的孩子和其他孩子因为抢玩具发生争执的话，请不要急着谴责孩子的行为，而是应该去满足孩子的心理需求。

这是他自我边界的构建，一定要和自私区分开来。所谓的自私，是损人利己，是为了自己的利益损害别人的利益。孩子只是不愿分享玩具，并没有损害别人的利益，我们可以理解为，他只是在维护自己的利益。

但在这种情况下，成年人往往会觉得尴尬。如果这个时候，注重满足自己孩子的心理需求，好像在亲戚朋友面前又觉得不妥。该怎么办呢？

我们可以对朋友的孩子说："这是我们家小朋友的东西，你想要玩的话，需要征得他的同意，只有他允许了才可以哦。"

当我们这么说的时候，自己的孩子和朋友的孩子都会明白，这是一个成年人对于物品所有权的态度。

对自己的孩子来说，他能够感觉到父母对他的爱意和支持，他能够确定，自己的东西即使是分享出去，也依然是他的，而且是要经过他同意之后才可以拿去玩，而不是被别的孩子掠夺。

当你的孩子愿意跟别人分享他自己的东西时，说明他在父母那里得到了支持和认可，他此刻的分享是自愿的、真心的分享，而他的内心的边界，也因为父母的态度变得更明确。

如果孩子仍然不愿意分享，也没关系。给他一些时间，并继续尊重他。

同时也可以对孩子以及朋友的孩子说：

"这是我们家小朋友的东西，如果要玩的话，需要征得他的同意。但是，现在他不愿意分享，我们需要尊重他。不过我这里，有另外一个有趣的东西，是我的东西，而我愿意和你分享它，你想要吗？"

这样做不仅尊重了孩子的边界，同时也在告诉孩子，我们要尊重每个人的边界，尊重每个人对自己物品的处置权。并且化解了成年人之间的尴尬，起码让对方看到了你对孩子的教育和尊重，也做到了顾及对方孩子的情绪。当然，前提是准备好一个属于你的、又能够吸引孩子的物品。

每个人都有权处置自己所拥有的东西。这是尊重自己也尊重别人的态度。

小朋友在一起玩的时候，总会出现"你的""我的"的问题。我可以拥有属于我的东西，你也可以拥有属于你的东西。我是如何拒绝他人的请求，我又是如何面对他人的拒绝。所有的这些，都会在孩子的相互玩耍争执之中出现，作为父母，我们需要去作是非判断，而不是教孩子所谓正确的生活方式。而是要教会孩子尊重自己、尊重他人的边界，并在这两者之间实现平衡，获得自己想要的。

交换玩具的意义比玩具更有价值

孩子会慢慢发现自己的能力和魅力，甚至在不需要交换物品的情况下，他也可以凭借魅力结交到更多的朋友。

当孩子的物品所有权被尊重，当孩子的心理边界被尊重，他就会懂得尊重自己和他人的边界，也会懂得拒绝别人和尊重别人的拒绝。并且，随着年龄的增长，孩子会开始喜欢与他人分享物品，这是一种成长的规律，也是孩子成长发展过程中的一个重要的需求，即人际交往。

我们经常可以看到这样的画面：两个孩子在一起，其中一个孩子对另一个孩子说"我带了好吃的东西"或者"我有好玩的玩具，我们一起玩儿吧"。于是，这个孩子成功地交到了新朋友。

孩子通过分享玩具、交换玩具、赠送玩具等方式来建立关系，拓展他的人际交往范围。这个时候，孩子能真正地体会到分享的乐趣，这时的分享，不仅是一种快乐的分享，也是孩子之间情感连接的方式。

有时候，孩子从幼儿园回来，非常开心和自豪地告诉爸爸妈妈，今天他和哪位小朋友交换了什么礼物，因此获得了什么新的玩具。此时，交换玩具的意义，并不是获得了玩具本身，而是孩子拓展了他的社交边界。

同时，很多父母会发现，这种情况会伴随着一个新的问题：孩子之间交换的物品，用成年人的视角来衡量价值的话，是非常不对等的。比如遥控汽车换了贴纸，昂贵的新玩具换了破损的旧玩具，长辈送给孩子的纪念品换了普通的小摆件。

成年人会觉得这样的交换很不公平。为什么孩子不懂得换些更好的、更值钱的东西回来呢？很多家长对此难以接受，甚至干涉和限制孩子交换物品。

这个问题仍然涉及尊重孩子物品所有权的原则。首先，只要是属于他自己的东西，那么孩子想怎么样处置或想用来交换什么东西，我们都需要尊重他，包括那些在我们成年人看来价值不对等的物品。

这是孩子心理发展的一个必要历程。孩子是通过物品的交换来结交朋友，拓展他的人际关系。而且在这个过程中，孩子会慢慢地发现并思考，他每次交换玩具后，对新玩具的想法和态度。孩子的心情也会随之变化，如交换新玩具后的喜悦，想念原来玩具时的难过，交换某个玩具后的后悔。

孩子在不同的经历中，体会各种复杂的感受。通过这些感受，孩子又会自动摸索出一些交换的规则。比如新的东西要换回新的东西，旧的东西用旧的东西换，用自己不需要的东西换回自己更想要的东西。这种模式就好像在原始社会一样，货币还没出现的时候，人们可以用一只羊去换一把斧头，因为斧头对于需要它的人来说，比羊更贵重。而其中的价值，只有需要的人才能判断和衡量。

这些都要靠孩子自己去经历和感受，当他有机会自由地体验与他人交换物品的过程，孩子将会逐渐发现自己人际交往的能力和魅力。孩子会慢慢发现，所有的物品交换过程，都伴随着人格的成长。

因为这些经历不仅仅是游戏，每一次的交换，都为他下一次与别人的交往积累了经验。他会慢慢地发现自己的能力和魅力，甚至在不需要交换物品的情况下，他也可以凭借魅力结交到更多的朋友。物品交换，是孩子进行人际交往的一种初始方式。

如果孩子把家里的贵重物品拿去和别的孩子进行交换了，父母能够做些什么来引导他呢？

首先，我们需要告诉孩子，哪些东西是肯定可以拿去交换的。比如，属于孩子自己的物品，既然是孩子的，我们就要尊重孩子的选择。

对于比较贵重的东西，或者是有特殊意义的物品，比如我们送给孩子的生日礼物或者是长辈送的纪念品等，我们要这样告诉孩子：这是爸爸妈妈送给他的生日礼物。所以，它既是属于他的东西，同时，也有爸爸妈妈的一份情意在里面，这些是不适合拿去交换的。如果你真的需要交换的话，也应该先和爸爸妈妈商量，征求一下我们的意见。

甚至，父母可以专门为孩子准备一些帮助他去拓展人际关系的、可以交换的物品。因为，在孩子的眼中，物品交换背后的意义比物品本身更重要。

让孩子在争执中学会自己处理问题

社会化能力是指个体对社会环境的适应能力、与他人交往和协调的能力、调控
和改变社会成员之间关系的能力。这些能力，不是在书本中学到的，而是在人与人
的互动中学会的。

最近，有位妈妈在我微信公众号留言说：

"我的孩子从来不会抢别人的玩具，但如果他的玩具被别的孩子
抢了，他就哇哇大哭。今天有朋友来家里玩，她家孩子一来就抢了我家
小宝的玩具汽车，小宝紧紧抓住玩具不肯给，俩孩子都快打起来了。

"我让我家孩子把玩具让给客人玩儿一会儿，可是孩子委屈得大
哭，我好心疼啊。我试着对朋友的孩子说，小宝现在不想借出他的玩
具，要不我们玩点别的？朋友也一直对自己的孩子说不可以。但是她
孩子还是想要那个玩具车。下次碰上这样的情况该怎么办啊？另外，
我还很担心孩子的性格，为什么我的孩子只会哭？"

现实生活中难免会遇到这样的情况，孩子之间因为争抢玩具起了

争执。怎么办?

不妨先看看《妈妈是超人》这个综艺节目。节目集结了几位不同个性的明星妈妈,她们在节目中展示各自的家庭生活和育儿经历。其中,胡可的教育方式很受大家关注。

节目中有一幕,胡可开着车,后座上安吉和小鱼儿兄弟俩在玩耍。后来,哥哥安吉抢了弟弟的玩具,弟弟放声大哭。但是胡可没有马上干预,因为她觉得还没到需要成年人干预的时候。胡可淡定地开着车,不时地通过后视镜看看兄弟俩的状态。

后座一度冷场,哥哥安吉有点小尴尬,但是妈妈沉住气,继续观望。弟弟的状态似乎恢复了一些,哥哥有意无意地哼起了歌,弟弟也跟着旋律唱了起来。兄弟俩刚刚的尴尬,好像随着歌声飘走了。

还有一幕,弟弟小鱼儿拿到了玩具,哥哥安吉也想玩,两人因为玩具又起了争执。胡可过去,先是询问玩具是谁先拿到的。她不仅问了弟弟,也问哥哥情况是否属实。作为妈妈,尽管懂得孩子们的脾性,尽管知道发生了什么,但她依然向双方询问了当时的情况,这会让孩子感觉到充分的被信任感。

胡可明白,安吉也知道有些行为是不对的,孩子们有时候会觉得不好意思,或者还无法用语言来进行描述,所以才会动手。心理学里面有个术语,叫见诸行动。这是一种不成熟的防御机制,是指将潜意识的欲望作直接的表达,包括采用动作性行动。

所以,胡可没有对孩子的行为贴标签,没有做出不好的评价,没有责怪哥哥安吉,反而给了他台阶下,暗示他是个诚实的孩子。在安吉承认是弟弟先拿到玩具的时候,妈妈马上对安吉的态度进行了鼓励和赞美。

孩子能够如此坦然地面对自己的行为,并不完全是因为天生的品质,更多的是父母对孩子行为的容纳能力。

平时我们看到身边很多的父母,在孩子勇于承认自己的错误时,还不依不饶地继续指责孩子。可想而知,孩子为什么不敢主动承认错误?因为承认错误的成本比撒谎的成本要大。

很多朋友在看到前面这一幕的时候，都会觉得安吉很棒，勇于承认自己的错误，也会为妈妈胡可点赞，觉得她对孩子的教育很有一套。她不仅让安吉知道自己是个诚实的人，同时也维护了弟弟小鱼儿的边界，教会了两个孩子要诚实有信，要尊重边界和规则。最重要的是，孩子们在她身上学会了社会化能力。

社会化能力是指个体对社会环境的适应能力、与他人交往和协调的能力、调控和改变社会成员之间关系的能力。这些能力，不是在书本上学到的，而是在人与人的互动之中学会的。

可以想象，胡可的两个孩子因为玩具起争执的情况，绝对不是节目中才出现的一次两次，在生活中可能已经上演了无数次。我们可以发现一个细节，在和弟弟小鱼儿抢玩具的时候，安吉说：“怎么都是你的？”

小鱼儿说：“我先拿到的！”

小鱼儿说出这句，其实就是孩子社会化能力的体现。而这也是胡可对两个孩子争执玩具的解决方案：谁先拿到谁先玩。

对于兄弟俩之间的相处，胡可说：“谁说老大就要让着老二？在保护他们不受原则性伤害的前提下，尽量让他们自己去想，这个事情是对还是错，是好还是坏，让他们自己去寻找解决问题的方法。”

有个经典的关于分配制度的小故事：

几个住在一起的人，每天分一大桶粥。一开始，大家用抓阄儿的方式决定谁来分粥，每天轮一个。于是每周下来，他们只有一天是饱的，就是自己分粥的那一天。

后来，他们推选出一个口口声声说自己道德高尚的人出来分粥。大权独揽，没有制约，就会产生腐败。大家开始挖空心思去讨好他，搞得整个小团体乌烟瘴气。于是，大家决定组成三人分粥委员会及四人评选委员会，互相攻击扯皮下来，粥吃到嘴里全是凉的。

最后，想出来一个方法：每个人轮流分粥，但分粥的人要等其他人都挑完后，拿剩下的最后一碗。为了不让自己吃到最少的，每个人都尽量分得平均。

　　这就是自由协商后得出的办法，也体现了社会化能力进步的过程。著名儿童教育家洛克在《教育漫话》中指出："你对孩子所定的规则应该越少越好，比表面看去好似绝对不可缺少的还要少。"

　　这让我想起我家孩子幼儿园里面的三项规则：不伤害自己，不伤害别人，不破坏环境。

　　幼儿园里的老师和孩子都遵从这三项大的规则，而剩下的，便是孩子们之间自己协商的过程。

　　经常是几个小孩子凑在一起玩游戏，在游戏中总会建立起某种游戏规则，而且还要共同商量出让彼此都满意的方案。在这个过程中，孩子都会自然而然地为自己争取利益。同时，也学会了放弃自己的一部分愿望，满足对方的一些需求，以此建立一个大家都能接受的规则。

　　建立规则，遵守规则，在倾听中感知和回应他人的需要，在争吵中学会争取和妥协。这些友善地解决和同伴之间冲突的技能，对于儿童以后发展成熟的社会事务处理能力非常有帮助。

　　成年人对孩子的干涉，多半是成年人自己内心的投射。比如，文章开头提问的那位妈妈，担心自己孩子的性格，一面觉得孩子委屈，一面又对孩子说把玩具让给别人玩。

　　这本是我们成年人该去面对的内心焦虑，我们害怕在朋友面前不够大方，害怕让对方没面子，又觉得自己的孩子委屈。各种矛盾和冲突投射到了孩子的身上，孩子的社会化能力自然就被我们成年人的情绪困扰了。

　　在孩子们相处的过程中，如果我们能够给他们足够的空间，孩子们总会找到他们之间相处的平衡点。而这也是我们能够教会孩子的最好的社会化能力。

孩子被打而不还手，他在想什么

成年人在问题争议中，从没有真正地去倾听过孩子的心声。更可怕的是，也不让孩子听从自己的心声。

01

"为什么我家孩子经常被打，而他就是不会还手？傻愣愣地站在那里被别的孩子欺负。你是搞教育的，你说说这是为什么。"

春节回到家乡，走亲戚、拜年的时候，被亲戚问到这个问题。于是我对亲戚讲述了一遍孩子打人背后的动力，以及孩子被打后，该如何帮助孩子构建自己的力量。无奈的是，亲戚一直在强调和纠结，为什么孩子傻愣愣地被打，而不会还手？

后来，我实在忍受不了这个讨论，便借机去院子里晒晒太阳，顺便观察一下他们家孩子和其他孩子之间的互动。

孩子们在院子和堂屋跑来跑去，追追闹闹。农村大多都是这样，家里来了客人，有好吃的，别的孩子也会跟过来玩。没多久，果然孩子间又起冲突了，大概是亲戚家孩子的玩具被抢了，他想去拿回来，对方是个比他小一点的孩子。亲戚的孩子只想要回自己的玩具，但是对方不退让，并且发起了攻击。

我正想着要不要过去干预一下，却已来不及。亲戚的孩子被对方抓了一下，哇哇大哭起来。我走过去仔细看了下，耳朵下方脖子的地方被抓出了几道血痕。我蹲下来安慰他，等他稍稍平静一些，我问他："为什么别人打你的时候，你不躲开呢？"

听见我这么一问，本来已经平静下来的孩子又大哭了起来。亲戚听到孩子的哭声走了出来，问怎么回事。孩子还在哭，我便把看到的经过告诉了亲戚。

"是不是？你说是不是？他就是不懂打回去！刚刚我们还说来着。"亲戚一脸不悦，回过身冲着孩子大喊，"哭什么，你干吗不打回去呀？不是告诉过你吗？碰到就要打回去！这么没用，打回去！记住没有？"

孩子低着头还在哭。

"听见没有！"

孩子默默地点了点头。

我想对亲戚说点什么，但又说不出来。亲戚又邀我进屋里聊天，我说还想在外面继续待一会儿。

02

等孩子的情绪稳定一些的时候，我又再一次问孩子："为什么别人打你的时候，你不躲开呢？"

孩子没有回答我。他可能不想面对这个问题，转身要走。

"你不想打人是吗？"我继续问他，孩子停下了。

"你只是想拿回玩具，想躲开是吗？"

"嗯！"

"你并不想打人，你只是想躲开，但是爸爸一直告诉你要打回去，你不知道要听爸爸的话还是要听自己的话，所以愣在那里，不知道该怎么办了，是吗？"

孩子没有作声，只是看着我，可能他从来没有听到过这种说法，这番话给他带来了冲击。

"我不是怕他！"孩子回应了一句。

"嗯，你不是怕他，你躲开是为了想办法，是吗？"

"是的。我想让他把东西还给我。"

"如果别人不还的时候，你会生气吗？"

"会生气，有时候我也会大喊大叫。"

"你想打回去吗？"

"不想。"

"你觉得打回去没有用，是吗？"

"不是。因为老师说过，打人是不礼貌的行为。"

"所以，你是在想其他的办法？"

"是的，在学校的时候可以告诉老师。"

"但是，在家里好像并不能告诉爸爸，是吗？"

"是的。"

"爸爸只是让你打回去，不打回去就说你没用，也不许你哭。所以你心里很矛盾，不知道该怎么办了，是吗？"

孩子点了点头。

03

这时，我们就可以看出，孩子的问题并不复杂。但让我难过的是，我的确也没有办法和我这位亲戚进行很好的沟通。

打还是不打？听爸爸的话还是老师的话？抑或是让孩子学会听从自己内心的声音？成年人只看到了表象，只看到了自己内心的投射。比较极端的父母，如我的这位亲戚，觉得孩子只会被欺负，要求孩子强大，当着他人的面训斥孩子没有用。

亲戚的孩子说，他不想打人，不是因为害怕，也不是因为打回去没有用，是他觉得打人是不礼貌的行为。然而父母没能好好地引导他，如果发生这样的事情，还可以想到其他什么办法来解决。

成年人总是认为，孩子是无知的，他不懂得怎么做，不懂得如何处理这种情况。所以，我们只会简单明了地告诉孩子，你该怎么做，却没有从孩子的角度去了解，孩子是怎么想的。

要不要还手？该不该还手？一直是个有争议的话题。只是，成年人在争议时，却从没有真正地去倾听孩子的心声。更可怕的是，也不让孩子听从自己的心声。不顾孩子当时的情绪，不顾孩子当时的状态。有的孩子学会了打，有的孩子学会了躲，有的孩子内心充满了矛盾，他们都缺少自己寻找方法的途径。

孩子被打而不还手时，父母是否能站在孩子的立场去看待，去体会孩子是怎么想的呢？可是，有很多家长认为，自己的孩子应该打回去。然而，"打回去"并不会帮助孩子构建自己的力量。

让孩子打回去的方式，看起来是在教育孩子要变得强大，父母也似乎是在身体力行地教导孩子该如何强大，却忽视了孩子当下的心理状态。试想下，如果作为父母的你被人欺负了，你的心理状态是怎么样的？愤怒、伤心、无奈、羞愧、恐惧……

有时候，父母会把自己内心的情感投射到孩子身上，见不得孩子被欺负，立马要去讨回公道，出口气。这很可能是因为，父母小时候也曾有过被欺负的经历，这种感觉很不好，当看到孩子也要面对这种事情的时候，就仿佛看到了当年的自己。当年我们是被欺负的承受者，而现在我们是成年人了，有力量了，所以不允许这样的情况再次发生。

比较极端的父母，会强迫孩子独立，要求孩子要强大，要"打回去"。甚至当众训斥孩子："你怎么这么没有用，你就不会打回去呀？"还有的家长，认为自己的孩子受到了委屈，所以必须得找找对方的"麻烦"，认为自己作为父母，必须"护犊子"。

我们不允许自己"懦弱"，所以我们见不得孩子有"懦弱"的表现；我们怕自己的内在受到委屈，所以我们也见不得孩子受委屈。

其实，父母保护孩子，想要培养孩子的独立和强大，都没有错。关键是我们需要清楚，被欺负的孩子，他想要的是什么，他现在的心理需求是什么，而不能只为了满足我们自己的内心需要。

04

支持和帮助孩子，绝不仅仅是告诉他"打回去"，也绝不是简单地帮孩子解决被欺负这个问题。

如果，每次孩子遇到类似的问题，父母要么训斥孩子，要么冲在前面摆平事情，这样只会给孩子一个心理暗示：他是无能的，他没有力量去独自面对，而父母也没有给予他心灵的力量和情感支持，去帮助他渡过愤怒、伤心、无奈、羞愧、恐惧等这些难过的情绪。

长此以往，这些负面情绪得不到缓解和支持，父母可能也因为类似的情况多了，觉得孩子不争气、不独立，对孩子的态度也会越发冷淡，这时，孩子被欺负的状态恐怕会慢慢变成习得性无助行为。

习得性无助行为，是指一个人经历了失败和挫折后，面对问题时产生的无能为力的心理状态和行为。当一个人将不可控的消极事件或失败结果归因于自身的智力、能力的时候，一种弥散的、无助的和抑郁的状态就会出现，自我评价就会降低，动机也减弱到最低水平，无助感也由此产生。

这也是为什么学校欺凌事件中，被欺凌的对象总是那几个柔柔弱弱的孩子。因为他们已经长期习惯了这样的状态，不懂得去反抗。

那么，如果孩子被欺负了、受委屈了，我们可以做些什么？除了必要的身体伤口处理之外，最重要的，是给孩子提供情感的支持。

正如前面所提到的，我们被欺负之后，会出现哪些情绪状态？愤怒、伤心、无奈、羞愧、恐惧……如果我们能够去接纳孩子的情绪，孩子起码会知道：虽然他被欺负了，但是这件事情上，他没有错，他可以愤怒，可以难过，不需要羞愧，他的恐惧也不会被放大。

这才是我们应该给予孩子的力量。等到孩子的情绪状态稳定的时候，我们再去告诉孩子更多的自我保护的方式。

如果我们在孩子正处于难受时，还要训斥他为什么不打回去，其实是强化了孩子被欺负时的感受。为什么不打回去？因为害怕，因为打不过，因为没有遇到过类似的事情，孩子不知道该如何面对呀。孩子还能怎么回答父母呢？父母的反应，更加剧了孩子的恐惧情绪。

05

我们应该怎么做呢？

第一，接纳孩子的情绪。

告诉他，他可以愤怒，可以伤心，可以哭出来，可以喊出来。这没有什么不好意思的，这可能是每个人都会面对的事情。告诉他，爸爸妈妈现在在这里陪着他，他现在很安全。

第二，当孩子的状态逐渐恢复的时候，要教会孩子如何表达自己的感受。

孩子被欺负之后会感到委屈，他可能会问，为什么那个孩子要这样对我？为什么他要弄疼我？这个时候是教会孩子去表达自己感受的好机会。

儿童绘本《不要随便摸我》里面的故事就很不错，当你不喜欢被"亲亲"和"抱抱"的时候，你要大声说："请不要碰我！"

告诉孩子，在他和别人交往的过程中，无论是面对成年人还是同龄人，如果对方的交流方式让他感到不舒服了，一定要表达出自己的感受。必要的时候，还可以寻求父母或老师的帮助。

如果孩子打人了，要看到孩子背后的动力

批评教育，看起来好像是对的，会让孩子在意识上认为自己做得过分了，但在情感上，他会觉得自己委屈了。

我们已经探讨过孩子被别人打的情况。那么，如果自己的孩子打别人，我们又该怎么办呢？

01

首先要区分的是，孩子打人不一定是欺负人。特别是对于一些较小的孩子来说，比如对一到三岁这个年龄区间的孩子来说，看起来是"打"的动作，很可能是其他情感需求的表达。

我们知道，婴儿最初是通过嘴巴来认识世界的，直到婴儿会吸手指的时候，他才发现自己还有手，然后会慢慢地学会控制手的活动。当婴儿的手部活动越来越熟练了，婴儿就会用手去探索外部的世界了。

　　他看到喜欢的玩具，就会用手抓来玩。他看到喜欢的东西，想要的时候，就会用手去抓、去抢。当他看到喜欢的人的时候，也会用手去摸、去抓、去拍打。

　　我们经常看到，两位妈妈带着各自的娃娃在一起聊天，孩子们就趴在地板上一起玩，虽然听不懂孩子的语言，但是他们之间是有交流的。忽然，形势突变，一个宝宝开始摸摸另外一个宝宝的头或者脸，然后就用手去抓了。两位妈妈都害怕自己的孩子被抓伤、被戳到眼睛，也害怕自己的孩子把对方的孩子弄伤。于是，妈妈就开始用自己的语言对孩子们说，要团结友好，不可以打人……最后把两个孩子分别抱开了。

02

　　这其实也是我们成年人内心的投射，我们认为这样的行为就是打人，或是被别人欺负。

　　宝宝心里委屈，可是宝宝说不出口啊。宝宝的确是说不出口，因为他们还没有学会用我们的语言表达，他们很可能只是在向对方表达喜欢。因为，小婴儿从小就是从看着妈妈的脸、喝着奶和妈妈互动的，当孩子看到另外一个孩子的脸的时候，他通常会觉得，这是和对方互动的机会。

　　另外，大一些的孩子，哪怕是已经会用语言表达的孩子，有时候也会出现这样的情况。而这个时候，父母就需要教给孩子正确的人际交往方式。

　　我们可以帮助孩子通过语言来表达他的想法。比如我们可以问孩子："你是不是想和这位小朋友一起玩？如果你想和他一起玩，你可以过去告诉他。如果我们用手拍打的话，他就会觉得疼，就会想跑远的。"

　　还有一些攻击性比较强的孩子，他们会凭着自己年龄比较大、个头比较大，而攻击比较小的孩子。

　　这种情况在游乐场里经常可以见到，比如大孩子会抢小孩子的玩具，或者排队的时候把小的孩子推到后面。这是孩子在表达他的攻击性，孩子通过表达自己的攻击性来找回自己的力量感。

父母有时候看到自己的孩子很明显地"欺负"了别人的孩子，会觉得非常尴尬，于是，父母往往会用理性的语言来批评孩子。

我曾经在一个游乐场观察到这样一幕：

一群孩子在滑滑梯，一个大点的孩子可能觉得排在前面的孩子动作太慢，就推了前面的孩子一下。前面的孩子哭了，大孩子的妈妈就开始批评他：

"你怎么可以这样，太没有礼貌了，快向别人道歉。"

孩子没有道歉，妈妈则对着另外一方说了几句"不好意思"，双方也没有发生冲突。但是，大一点的孩子一脸不爽，在继续玩的过程中，他依然会有意无意地去推那个更小的孩子。

为什么呢？

因为，他觉得自己没有被妈妈理解，妈妈的批评教育，看起来又好像是对的，这个孩子可能会在意识上认为自己做得过分了，但在情感上，他会觉得受委屈。

当孩子被这样批评教育之后，他不敢直接向父母表达自己的情绪，于是，他就把攻击转向了比他更小的孩子。

03

如果你是这个孩子的母亲，应该怎么做呢？

第一，如果是自己的孩子主动"攻击"了别人的孩子，要先向对方家长和孩子说声抱歉。我们所有的行为，都是孩子学习的榜样。在我们说抱歉的时候，孩子心里就会开始反思自己的行为。

第二，问问孩子为什么推别人。若孩子不大愿意或不好意思说，我们可以帮他表述出来。"你是觉得他走得慢，挡住你了是吗？也许你可以试试换一个方式，比如提醒他快跟上队伍。"告诉孩子，他的一些想法和感觉没有错，但是表达方式可以更文明。

第三，告诉孩子，你为什么要向对方道歉。告诉孩子，因为你爱

他，因为他也有可能会遇到比他更大的孩子对他做同样的事情。我们
要有勇气去面对不文明的攻击，更要有勇气去面对自己不恰当的行为。

　　作为父母，最重要的并不是要教会孩子有礼貌，更要教给孩子，人与
人之间的界限，不仅是保护别人的，更是保护自己的。有界限，才有更广
阔的世界。

和孩子一起面对校园欺凌

只有让孩子感受到父母的支持和接纳，他才能慢慢地变得更强大，他才能有保护自己的底气。

曾经听说过一起校园欺凌事件，在整个事件中最令人气愤的是，学校认为这不过是学生之间过分的玩笑，对孩子受到的伤害不以为意。

事件大致的过程是：一个小学生在学校长期被同学欺凌，最终产生严重的心理问题，被诊断为急性应激反应（在遭受到急剧、严重的精神创伤性事件后数分钟或数小时内所产生的一过性的精神障碍），医生直接建议孩子不要去上学了。

双方家长沟通解决问题，实施欺凌的学生家长拒绝赔偿和道歉，学校的态度是和稀泥，老师的观点是一场玩笑，家长最好不要小题大做。孩子父亲随后报警。

01

有段时间，一段外国女主播的视频在网络上爆红，登上了微博热搜榜第一，刷爆了朋友圈：

美国威斯康辛州拉克罗斯市WKBT电视台主播詹妮弗·利文斯顿收到了一位观众对她身材的批评信。这封主旨为"社会责任"的信件上说，作为一名女主播，如此肥胖，是对社会的不负责任。面对这位观众的批评和质疑，詹妮弗没有回避，而是在节目中进行了强有力的回击。

"事实上，我确实超重了，"詹妮弗说，"但是，写信给我的人，你觉得我自己会不知道吗？你以为我需要你那几句刻薄的话来说明这件事吗？你不了解我，所以除了能从外表看到我以外，你对我一无所知。"

在节目中，她提到这封信，并呼吁人们要敢于面对对超重人群或其他群体的欺凌现象。詹妮弗还提到，十月是反欺凌月，欺凌现象在校园及网络上越来越严重，这是当下年轻人都会面临的大问题。

"那个人的话对我来说没有任何意义，但真正让我担心的是，有些还不明白这些道理的孩子，他们如果收到这样的批评信件，情况甚至会更糟。"她补充说，孩子们常常是从父母那里学会欺凌的。

02

并不是每个受到侵犯的人都像这位女主播一样，有勇气去反击，甚至呼吁人们关注欺凌现象。会不会进行反击，取决于我们所处的成长环境。

一位网友给我留言说，中学时候，他被同学整整欺负了一整年，每天放学被堵在墙角，一通羞辱。但他一直不敢让家里知道这个情况，因为父亲脾气暴躁。他总觉得如果父亲知道了这个情况，自己会更痛苦。可他不理解为什么自己会这么想。

还有一位朋友说，读初二的时候她第一次来月经，正巧被老师叫上讲台做练习，结果，被一些同学发现后传遍了全班。从此，她在学校里就如同在地狱中。有的同学大声取笑她，还有的男同学把她的卫生巾从书包里翻出，贴到她背上。

当她哭着去找班主任的时候，班主任却带有嘲讽地扔来一句："他们怎么就只欺负你？你以为只有你来例假呀？肯定是你自己有问题。"

试想一下，如果孩子被欺凌了，还有勇气寻求帮助吗？孩子的心理阴影会不会影响他的未来？

如果孩子是欺凌者，他会不会继续在这条路上寻找存在感呢？

如果孩子是目击者，他是否会对"强者"认同呢？他下次是否会参与其中呢？他会不会因此产生内疚呢？

孩子会怎么看待学校环境？他会如何理解身边的世界？他又会如何看待身边的人？

03

那么，如果孩子遭遇了校园欺凌，我们还可以做些什么呢？

第一，要让孩子知道，无论受到身体还是言语的攻击，都不是他的错。当受到别人的攻击时，要鼓足勇气，学会保护自己。我不赞同以暴制暴，但必要的时候要进行反击。

很多人有过类似的经历，进行一次强有力的反击之后，欺凌者也付出了代价，再也不敢对被欺凌者轻举妄动。

第二，要让孩子知道，无论他遭遇了什么，父母都会支持他、接纳他。很多孩子不愿意把被同学欺负的事情告诉父母，原因不外乎是怕父母责骂，得不到支持和理解，又觉得丢脸，等等。

当孩子遭受了挫折或痛苦之后，他们需要的是父母的支持，而不是责备与埋怨。很多孩子不敢向父母说出自己的遭遇，其实是害怕父母责骂。很多父母本来就怕事，所以当孩子说出自己的遭遇的时候，不仅得不到父母的理解，反而还觉得自己惹了麻烦。只有让孩子感受到父母的支持和接纳，他才能慢慢地变得更强大，才能有保护自己的底气。

第三，作为家长，需要留意孩子的状态。很多在学校遭遇欺凌的孩子，最初会表现出一些反常的状况。比如不想上学，提出想换学校，等等。父母通常猜测，孩子是不是在人际交往方面有困难，没有朋友，或者是学业方面有压力，而没有深入去了解，孩子是否有可能遭遇了校园暴力。

假若孩子对你说出他在学校被人欺负的事情，那么很有可能，他被欺负已经有一段时间了，在没有办法的情况下才来寻求父母或老师的帮助。

孩子首先会想办法自己解决，特别是那些害怕给家长带来麻烦的孩子。而通常选择的解决办法，就是隐忍。等到忍受不了、解决不了的时候，才不得已告诉父母。

如果是这种情况，父母就需要更加重视此事。首先，要安抚孩子的情绪，尝试去理解孩子在学校经历的痛苦，更不应去指责孩子"为什么不还手"。如果孩子因长期受到欺凌而出现社交困难，甚至出现抑郁、焦虑和恐惧等心理问题，父母也需要及时带孩子寻求专业的心理咨询帮助。

别用谎言教导孩子诚实

每个人都不喜欢被别人质问，特别是当孩子怀疑父母已经知道了真相的情况下，父母还不断地逼迫他。

很多家长对于孩子撒谎的情况很苦恼，因为孩子在犯错之后，还继续选择用谎言去逃避责任，特别是有些谎言还是显而易见的。比如孩子偷吃了蛋糕，嘴边还沾着奶油，孩子却对你说，他没有偷吃。

我们常常会认为孩子说谎、不诚实，而孩子的谎言，有时候却是父母用谎言诱导出来的。

01

"我就想看他能不能诚实！"因为孩子有撒谎的问题，有位妈妈过来咨询，整个过程她提到最多的就是，想知道孩子诚实与否。

这位妈妈说，有次孩子把家里的水晶球摆件摔烂了，然后把碎片都藏在了自己房间里。起初他们都没留意到，毕竟水晶球也不是什么值钱的东西。但这位妈妈在给儿子整理房间的时候，发现了水晶球碎片。

当时她很生气，既担心孩子会因此被刮伤，也恼火小家伙摔烂了东西却悄悄藏起来。

于是，她去质问孩子："客厅的水晶球呢？"

孩子说："不知道。"

"前天你还玩过呢！你放到哪里去了？"

孩子还是否认，说"不知道"。

"我找了半天都找不到，是不是你拿走了忘记放回来呀？"妈妈继续追问。

孩子开始支支吾吾，说不出话。

这位妈妈说，她来回问了几次，就想看看孩子能不能诚实，结果孩子的表现让她十分生气。她咆哮着对孩子说："明明是你打烂的，我都看到你藏在房间里面的玻璃碎片了，为什么要撒谎？"

看起来，妈妈是希望孩子诚实，但是这种调查式的提问，说明妈妈其实已经不诚实了。

你明明知道了结果，为什么还要假装不知道，反而去调查孩子？这对于孩子来说，是否也算是个谎言？而我们又是否经常用谎言去教导孩子要诚实？

父母假装不知道真相，去问孩子，这很有可能激发孩子去撒谎。假设孩子否认了，你是否可以当着他的面，对孩子说你相信他？抑或是你不断地质问和怀疑，最后让孩子在谎言中尴尬地承认自己的错误。让孩子产生一种感觉，爸爸妈妈其实也在撒谎，而且在不断地设圈套让自己跳进去。

每个人都不喜欢被别人质问，特别是当孩子怀疑父母已经知道了真相的情况下，父母还在不断地逼迫他。这只会让他更加拒绝承认真相，更害怕诚实的后果，最终，在诚实和撒谎之间选择了谎言来进行自我防御。

02

孩子为什么会选择撒谎？

很有可能是因为，孩子不被允许说出自己真实的感受。

曾在微博上看到一位朋友说，她儿子小时候不喜欢和爷爷奶奶在一起，因为爷爷奶奶怕他磕着碰着，对他限制太多。但是因为夫妻俩工作都忙，只能让爷爷奶奶带孩子。

有次过年，儿子在饭桌上对他们说了句"讨厌爷爷奶奶"。这本来是发现孩子潜在的问题、疏导孩子情绪的好机会，但是父母不允许孩子说出这样的话。

爸爸对孩子说，爸爸妈妈不在身边的时候，是爷爷奶奶在照看他，又做好吃的，又带他去玩，怎么可以这么没良心？

这位朋友说，自己当时确实觉得很尴尬，为了长辈的面子，她没有顾及孩子的情绪，甚至否定了孩子的情绪："你怎么可能讨厌他们？他们对你那么爱护。"

爸爸觉得有必要教育下这个不懂事的孩子。因为父母对孩子情感的否定，或者因为孩子感觉到了爸爸的情绪，最后他改变了原来的态度。

那一刻，朋友觉得孩子很可怜。因为她知道，孩子有这种诉求，是因为爸爸妈妈陪伴得少。她本可以帮助孩子表达出想亲近父母的情感，但最终选择了维护成年人的面子。

而孩子在成年人的谎言中懂得了：诚实地说真话，告诉父母真实的想法，可能是危险的。说真话，也许会让父母不高兴。大家都想听到喜欢听的话，不管他真实的感受是什么。

如果是这样，孩子又如何能够在谎言中学会诚实呢？如果你希望孩子诚实，那么，请至少做好准备，接纳孩子真实的想法和情绪。

03

诚实的目的是什么？

我们常常对孩子说，要做个诚实的孩子，但你是否知道，让孩子诚实的目的是什么呢？

假如，孩子承认了自己的错误，却会被父母指责；孩子表达了自己真实的想法，却会被父母否定。孩子经历过这样的惩罚和否定之后，他如何敢诚实地承认错误？又如何有勇气表达真实的情绪？他如何有勇气对自己的行为负责任？又如何能够真实地做自己？

我们期望孩子诚实，而诚实背后的目的，是父母想培养孩子的责任感，想让孩子学会对自己负责。但我们往往只是要求孩子形式上的诚实，却没有在实质上培养孩子的责任感。

比如文章开头提到的那位妈妈，也许她真正想知道的，不是孩子是否能诚实，而是孩子是否对她忠诚，想要的是一种忠诚的安全感。

很多父母都会用这种调查的方式，明知故问地质疑孩子，想逼着孩子承认错误，不仅要承认行为的错误，还要承认自己的谎言被戳穿。这往往容易激起孩子的反感，甚至是诱导孩子以谎言对抗谎言。

最好的办法，是我们放下自己的面具和谎言。成年人不应该假定孩子撒谎，更不应该用谎言的调查，把孩子逼到谎言的角落。

如果那位妈妈可以直接对孩子说："我刚刚在你的房间看到了水晶球的碎片，也许你很喜欢它，不过打烂了真可惜，但幸好你没有被玻璃碎片刮伤。"

这样，孩子就没有撒谎的必要了。因为，妈妈已经知道了事实，而且妈妈没有责怪他。孩子也会因为妈妈的态度，获得另外一种体验。他可能会想：妈妈可以理解我，我可以告诉她是我不小心打烂的，我以后需要更小心一些，因为如果因此受伤的话，妈妈会担心我。

遇到孩子说谎的情况，我们需要守住自己的情绪，说教与试探容易激起孩子的反感，更会激发孩子用谎言来防御不安。

当成年人放下自己的面具，不拐弯抹角，用真情实感和孩子交流的时候，才能共情孩子的情绪，孩子才不需要用谎言来防御不安。只有我们的接纳和真实，才能让孩子明白没有撒谎的必要。

离婚了，如何减少对孩子心理的伤害

所有的隐忍孩子都能察觉，所有的情绪孩子都能感知。而这些伤害，并不比离婚带来的心理伤害小。

很多夫妻，即使关系出现了问题，家庭产生了各种矛盾，感情越来越淡漠，甚至已动了离婚的念头，但是一考虑到孩子，就不敢轻易离婚，因为我们已经听过太多太多离婚带给孩子的负面影响了。

太多的夫妻，婚前很浪漫，但婚后，特别是有了孩子之后，家庭中的各种矛盾就越来越多，甚至家庭破裂，鸡飞蛋打。

还是这句话，为了孩子。如何生？如何养？如何教？每一个环境，每一个场景，都少不了家庭冲突。很多夫妻的离婚大战，最后源头都会追溯到这里。

01

夫妻关系是孩子亲密关系成长的模板。

家庭的矛盾各种各样，但孩子是无辜的。而成年人之间的战争，经常很容易地举起"为了孩子"的大旗。但成人之间有了矛盾，孩子会认为这一切都是他导致的。

很多人小的时候都有类似的经历，比如父母吵架的时候，你希望他们不要吵，你去劝他们，甚至有的孩子会说"可不可以不要吵了，都是我的错，好不好"。如果这招不管用，孩子可能还会让自己受点伤、生点病，通过这种方式来吸引父母的注意力，在有些情况下，吵架双方不得不因此而停战。

这是孩子的自恋，人人都有自恋情结，在我们还是一个孩子的时候，就非常非常的自恋，会认为周围的一切都是因自己而发生，而自己应该为这一切负责，并且相信自己能够负责。同时，他也会认为，所有不好的事情都是因为自己而起。爸爸妈妈相爱，是因为他；爸爸妈妈吵架，也是因为他。

我们担心离婚会对孩子造成心理伤害，我们也害怕孩子有个不完整的家庭。所以我们隐忍着，强颜欢笑，看起来还很伟大。虽然家庭关系表面看似平静，但家庭成员之间的情感要么暗流涌动，要么就完全都没有交流。看似给了孩子一个完整的家庭，但孩子过得并不开心，他在家里很容易变得小心翼翼，而他的开心，也只是为了满足父母表面上对这个家庭的需求。所有的隐忍孩子都能察觉，所有的情绪孩子也都能感知。这些造成的伤害，并不比离婚带来的心理伤害更小。

还有已经离婚的夫妻，为了给孩子一个稳定而完整的家，没有把离婚的事实真相告诉孩子，两人甚至还住在一起，打算等孩子长大了或者成年了再告诉孩子。虽然孩子在认知层面上还不知道父母离婚的事实，但是父母之间的情感流动，孩子却感受不到了。而且，这里还埋下了一个更大的隐患——他们的孩子会对亲密关系充满怀疑。

当孩子知道了父母隐瞒离婚的事情，发现父母竟然欺骗了他，发现他在世界上最亲的两位亲人，竟然欺骗了他那么长的时间。结果导致这个孩子对世界充满了不信任，他无法承受父母离婚的事实和父母对他的隐瞒，认为自己的人生一直活在谎言之中。

那一刻，孩子积累的愤怒、不满等所有情绪都会爆发出来，他开始回忆起家庭生活中父母之间的点点滴滴，只有表面的关系而没有情感的体验。此后，他对这个世界不再信任，对亲密关系也开始不信任。

02

婚姻结束的是夫妻关系，不是亲子关系。

如果，夫妻之间的缘分已尽，离婚不可避免的话，那么最好双方可以达成共识，婚姻结束的是夫妻关系，不是亲子关系。

很多夫妻在婚姻关系结束之前，会产生各种分歧、争吵甚至打斗，指责、谩骂对方无法沟通，不可理喻，后悔自己当初怎么瞎了眼，找了这么一个人结婚。离婚会导致双方内在的自我产生无助感，很难做到全面客观地看待事情，只会一遍一遍地想——我失败了。离婚的挫败感会让他们进行严重的自我攻击，为转移这些无助感，转移可怕的自我攻击，就会转而攻击孩子和前妻/夫。

所以我们在生活中常常见到这样一种情形，父母离婚了，一方对另一方有着巨大的愤怒乃至仇恨，于是不断给孩子灌输这样一些观点：你的爸爸（妈妈）不要你，他（她）是坏人、魔鬼……孩子本能地渴望得到父母的爱，但他从小听到的却是，爸爸或妈妈是坏人，这样就引发了孩子内心的分裂。

孩子很容易受到离婚后拥有抚养权的一方的影响，如果一直对孩子灌输这样的观点，对孩子以后的亲密关系也有很大的影响。因为，孩子最先接触到的亲密关系的模板，竟然是如此不堪，而他正是在这种关系的影响下成长和学习的。

对于离婚的事实，也无须刻意隐瞒。如实告诉孩子，爸爸妈妈分开，是爸爸妈妈的事情，和孩子没有关系，无论爸爸妈妈的关系变得怎么样，孩子永远都是父母的孩子，而父母也永远爱着孩子。

让孩子明白他们三人有三个关系：爸爸妈妈的关系，爸爸和儿子的关系，妈妈和儿子的关系。现在婚姻结束的只是爸爸妈妈的关系，而父子关系和母子关系并不会受到很大影响，爸爸妈妈还会一如既往地爱他，甚至更爱他。

如果父母离婚了，如何才能减少对孩子心理的伤害，让孩子今后能够拥有良好的亲密关系？

有三点原则：第一，不向孩子说对方的坏话；第二，让孩子知道，父母离婚的责任不在孩子身上；第三，别让夫妻关系的结束影响亲子关系的流动。

让孩子学会认识和尊重身体

孩子看到美好的事情、喜欢的人，就想表达内心的喜爱，但他还不会用语言来表达，只能选择用身体接触的方式。

01

孩子认识世界，是从认识自己的身体开始的。最初他会通过自己的嘴来认识世界，比如很多父母都知道，有一段时期，孩子喜欢把什么都放进嘴里，其实，他是在用嘴巴来认识、感受这个世界。再后来，他会对自己的身体产生好奇，比如发现自己的手指。当能够自由控制手来进行活动的时候，他们又会通过手来认识自己身体的其他部位，眼睛、鼻子、肚子……也包括他们的隐私部位。

这时候，很多父母会担心，比如手脏，或者孩子用手摸自己的隐私部位，弄伤了怎么办？而且成年人觉得这是很丑、很羞耻的一件事。

所以，很多家长会马上制止孩子的行为，但方法有些简单粗暴。孩子也许会听到类似"脏""丑"的字眼，也许因为害怕而暂时停止这种行为。但是，孩子无意识地接收到了父母给的信息：身体是脏的、丑的。并且，他一旦有机会，仍然有去认识自己身体的冲动。

最好的办法，就是父母陪着孩子一起去认识他的身体。告诉他，这是眼睛，孩子有，妈妈有，爸爸有，动物也有。还有眉毛在哪里、耳朵在哪里、嘴巴在哪里，等等。这样以游戏的方式来引导孩子，不仅让孩子认识了自己的身体，同时也满足了他的好奇心，而且他会为认识自己的身体而高兴，也会爱上自己的身体。

02

随着孩子逐渐长大，孩子的性别意识也会越来越强，我们在引导孩子认识自己身体的过程中，也要让孩子认识自己的性别，教他一些基础的性知识和保护自己的方式。比如尿尿的地方在哪里，我们一般会把它叫作生殖器；男女有什么不同；谁才可以触碰你的身体，等等。市面上有很多这方面的书籍，孩子到了两三岁，父母就可以开始和孩子一同学习这个内容。

另外，不少家长在孩子的成长过程中遇到一个普遍的问题，就是自己的孩子亲亲或抱抱别的孩子。如果自己家的小孩是男孩的话，还会担心产生误会，怕孩子被人说成"色狼"。

这是我们成年人内心的一种投射。孩子见到别人想要去摸或者亲的行为，其实是在表达他的一种情感。因为孩子的语言表达能力还在发展之中，他看到美好的事情、喜欢的人，就想表达内心的喜爱，但他还不会用语言来表达，只能选择用身体接触的方式。毕竟大部分的孩子从小在家里接触父母、长辈的关爱，主要方式是抱抱、亲亲，他们也就这样学会了。

03

类似的例子其实有很多，孩子A去亲孩子B，会出现以下几种比较经典的情况：

双方的父母都很高兴；孩子B的父母不高兴，孩子不抗拒；孩子B的父母和孩子B都不高兴。

因为孩子还小，他的语言系统还不能让他很好地表达想法，作为父母，我们可以帮他表达出来，并和他确认他想表达的内容。

我们可以问问孩子A：

"你很喜欢这位小妹妹是吗？"

"因为你很喜欢，所以你想去亲亲她是吗？"

"你想和这位小朋友一起玩是吗？"

然后，我们可以引导孩子说："这是谁的身体呢？""是这位小朋友的身体吗？""如果我们需要触摸别人的身体，一定要征得对方的同意才可以。"

同时，如果你是孩子B的父母，我们也可以这样告诉孩子："A很喜欢你，他想和你做朋友，他想抱你一下，但你才是自己身体的主人，这需要由你来决定，你愿意吗？"

如果孩子B拒绝了，我们就要尊重孩子B的意愿。也许孩子A遭到拒绝后会很难过，我们可以去试着理解孩子，并告诉他："这是每个人的界限，我们需要尊重对方，这样也能够获得对方的尊重。如果这个方式不行的话，我们可以换个其他的方式。比如你愿意跟那位小朋友分享你喜欢的玩具吗？"

这个过程，不仅能教会孩子尊重别人的界限，也能让孩子学会尊重自己的界限。

和孩子谈性，谈的是你对性的态度

你的态度会让孩子感觉到，两性关系是美好的还是羞耻的。

　　一位妈妈说，她发现上幼儿园大班的儿子会脸红了。起因是，某天她和孩子一起玩的时候，谈到孩子过家家的游戏，儿子说，班上的女生亲了他，说完自己便脸红了，然后就躲在了被窝里面。

　　当这位妈妈试图再和儿子谈这件事的时候，儿子很快就转移了话题；再谈及亲他的女生的时候，儿子把这个女生和班上的其他几位小朋友归在一起，说他们只是好朋友。

　　这次的聊天让这位妈妈觉得，儿子好像忽然长大了，他已经懂了很多的事情，儿子这算是小恋爱吗？这位妈妈问，是不是该引导下孩子？但她又觉得和孩子谈这些话题有些尴尬。

　　毕竟，和孩子谈性教育，对于大部分父母来说，是一个敏感的话题。

01

还记得我们小时候接受过的性教育吗？孩童时期，我们都会问那个经典的问题："我是从哪里来的？"

而我们常常听到的答案是"大树下捡来的""路边捡来的"，甚至还有"厕所捡来的"。

我从哪里来？我是怎么样来的？这是人类对生命好奇的本能。而关键的问题也在这里，生命诞生的来源跟"性"有着非常密切的关系。父母从小也缺乏对"性"的认识，甚至很多人在中学课堂的生理卫生知识课上也忽略了，大多数人都会避免在公开场合谈论"性"。

很多父母觉得和孩子谈"性"不好，羞于谈"性"，因为这很容易勾起我们内心对"性"难以启齿的羞耻感，也常常告诉孩子不可以说这些话题。比如当孩子去触摸自己的生殖器官的时候，父母并不和孩子解释原因，只是告诉孩子"不可以""这是不好的、很丑的事情"。

在成年人的眼里，会有很多关于世俗的、道德的东西，我们把这些东西投射到孩子的身上。这是不好的、丑陋的话题，纯洁的孩子怎么可以谈论呢？不可以！

其实，孩子是在认识自己的身体。孩子对生殖器官的理解与成人的理解不同，对孩子来说，他只是在探索自己的身体，从认识自己的身体开始去认识他人，去认识这个世界。就像孩子发现自己的手、眼睛、鼻子一样，只是单纯的认识，不带有特别的感情色彩。

02

当孩子成长到三至五岁，他们就会开始对自己的身体发生兴趣，继而认识了自己的性别，甚至是关注男女性别的差异。比如孩子会留意到，为什么女生可以穿裙子？为什么男生的头发是短短的？

他们想去了解男生、女生的性别差异，同时也会想到爸爸妈妈之间的情感关系。每个孩子对男人和女人的了解，最初都是从自己的爸爸妈妈开始的。女孩会将父亲作为理想男人的原型，男孩则会以母亲作为理想女性的原型。这是最初孩子对异性情感关系认识的雏形。

于是，孩子们大多会玩起过家家的游戏，我们还能看到两个孩子之间相互拥抱亲吻。这些都是孩子情感发展的过程，是孩子成人之后婚恋关系的铺垫，也是孩子在日常生活中学到的成年人表达爱意的方式。

和孩子谈"性"，谈的其实是对"性"的态度。父母的态度会让孩子感觉到自己的身体是珍贵的还是丑陋的，两性关系是美好的还是羞耻的。

如果成年人不和孩子探讨，也不许孩子讨论这些话题，强行地进行制止和干扰，就会让孩子无所适从，不仅破坏了孩子情感发展的进程，甚至让孩子不经意地接受了成年人投射过来的世俗化的观念。

如果你看到你的孩子对自己的身体产生好奇，对婚姻关系产生兴趣，请好好珍惜这个阶段。这是帮助孩子认识他的身体的最好机会，也是为孩子建立起良好的两性情感观念的最佳时机。

性教育是预防被侵犯的必修课

这个世界上有很多的伤心难过，都藏在人们看不见的地方。

有一则新闻报道：一位台湾美女作家在家上吊自杀。因为早年曾被补习老师性侵，导致她长期受到抑郁症的折磨。自杀的前两个月，她以自己的经历写成一本小说。接受采访时，她说，这个故事折磨、摧毁了我一生。

网友小北看到这则新闻的时候，内心涌起了深深的悲伤。于是，他和我分享了折磨他半生的故事。

01

小北小时候经常跟妈妈去体育场跑步。某年的暑假，经妈妈的朋友介绍，他们在那里认识了一位武术教练，他培养过几个省级的冠军。

　　武术教练说，这孩子身体单薄，可以习武强身，学费半价。

　　于是，小北练武的假期开始了。一大早，就要开始练压腿、扎马
步等基本功。为了让孩子们准时练功，教练还准备了专门的托管宿
舍，让孩子在这里住，隔两天回家一次。

　　大部分家长为了省事，就把孩子留在了武术班里吃住。教练说，
因为床位都满了，而小北的学费又是半价，所以就让小北和他睡一起。

　　小北说，当时还觉得教练挺照顾自己，却不知这是他噩梦的开始。

　　每天练功挺累的，孩子们晚上都趴在床上呼呼大睡。有天晚上，
小北蒙眬中觉得自己的裤子被拉下了一些，还有人在他后面摸他。开
始，他还以为是自己做梦，后来，他清醒一些了，知道那不是梦。

　　小北说，他当时有点慌张，不知道发生了什么事情。他可以肯定
后面的人是教练，但是他不知道教练在对他做些什么。后来，可能教
练也觉察到小北醒了，就停了手，还把小北的裤子给拉了上来。小北
一动不动，非常害怕。他说，那晚他几乎没敢再睡觉。

　　第二晚，小北借口天气热睡不着，硬撑着不让自己入睡。但孩子
的意志力终究敌不过成年人，那晚小北睡着后，又发生了类似的事
情，但小北也很快醒过来，而且故意翻了个身。

　　教练还试探地问了句，怎么还不睡？小北借口说天气太热。那一
晚的感觉，似乎比第一晚更恐怖。

　　回家后，他忐忑地把这几天发生的事情告诉了妈妈。妈妈当时的
反应就是：怎么可能？

　　小北说，他没有撒谎，他很害怕，他不知道发生了什么事情。他
不想去练武术了。

　　妈妈反问，你是想偷懒吧？

　　下一次上课，小北晚上不想留在体育馆住，他骗教练说今天跟父
母去别人家做客，要提前下课回去。下着小雨，小北疯狂地跑回家，他
希望能够得到妈妈的信任。他说，回忆起来，当时差不多是在哀求了。

　　也许是身体着凉了，也许是心理冲击太大了，那晚小北发起了高
烧。最后妈妈同意了，反正学费是退不了了，那就白天去练武吧。

小北说，他现在已经记不清妈妈后来说的话了，但从此他对这个世界不再完全信任。

02

性侵对孩子心理的影响往往是毁灭性的。当一个孩子体验过这种无法保护自己身体的无助和恐惧，他又如何能相信，他是安全的，他人是可以信任的？

而小北，好不容易有勇气和妈妈说出发生的事情，妈妈却并没有重视，甚至对他产生怀疑。恰好在他最需要获得信任感的时候，又发生了另外一件事。

他本想着，也许妈妈可以帮助自己，但是她没有。那至少也应该让自己停止去武术班吧，但也没有。最让他感觉到信任崩塌的是，妈妈把事情告诉了一位朋友。

虽然她们很小声地谈论着，但是敏感的孩子什么都知道。小北说，也许当时妈妈也不知道该怎么办，也许她也很难接受，也许她也很焦虑，但不能把我的事告诉给别人？

小北说，从那之后，他再也没有主动叫过妈妈的那位朋友。因为他觉得很难堪，无法面对知道这件事情的人。而且，他很难再相信别人，因为信任也伤害了他。

他变得很敏感、害怕，那晚的环境，让他感觉到危险，而妈妈把他的事情告诉别人，让他觉得整个世界都不再是安全的，有种被全世界玩弄的感觉。这种感觉，源于强烈的羞耻感。

他说，在一些电视剧剧情里，遭受侵犯的人都会拼命地洗澡，但是心理的羞耻感很难洗掉，总会控制不住地担心，害怕别人知道自己身上发生了什么。

03

孩子在遭受性侵时，因为年龄小，还没有足够的性意识，看似并没有对其产生太严重的影响。但是，当他进入青春期后，伴随性意识的萌动，那些遭受性侵的记忆又会被唤醒，容易再次经历性创伤体验。

小北抑郁了一段时间，用父母的话来说，就是这个孩子好像突然变得内向了。慢慢长大了，他越来越明白那晚可能发生了什么，但他不敢去想，他也不愿意去想。每次难受的时候，他都选择把自己的感受隔离起来。

性侵对孩子造成的创伤是复杂的，而且会随着成长而变化。未成年人刚遭遇性侵的时候，可能表现出情绪紧张、恐惧，对人失去基本信任，认为自己脏，担心被人知道，等等。

之后会逐渐演变出更复杂的情绪反应，比如自责、自我攻击，甚至自残、自杀，经常悔恨，觉得没脸见人，性情大变，产生性别认同障碍等。

在青春期的时候，小北实在不能忍受自己的"脏东西"，他曾试过用刀去割自己的生殖器。因为害怕，手抖了一下，给自己的小腹划了一刀。

无论怎么隔离感受，他都摆脱不了"我很脏"的念头，他甚至害怕周围的人知道他的事情，更怕别人知道后会讨厌他。所以他一度进行躲避，过年不去走亲戚，朋友越来越少，在人群中越来越低调，衣服只喜欢穿暗色系。他不想让人看到自己，也尽量使自己不被人注意。这些都深深地影响着他的生活。

看到台湾女作家的新闻，他很难受、很悲伤，不知道自己能不能走出来。他时而会想起已故明星张国荣的遗言：我一生未做坏事，为何这样？

这个世界上有很多的伤心难过，都藏在人们看不见的地方。

04

说起对未成年人的性侵，女孩被性侵的事件更容易受到社会的关注，女孩可能会得到更多的忠告和警示，对男孩性教育的重视程度则远远低于女孩，况且，我们当前对孩子的性教育本来就是空白的。

在很多人的意识里，男孩是不会遭遇性侵的，即使被别人摸摸隐私部位，也算不得什么特别严重的事。而事实上，男孩被性侵、被漠视的后果更加严重。

小北说，那时候的他缺少父母的理解和接纳，所以他自己也不能理解和接纳自我。如果此时家长能理解孩子，接纳他的情绪，或许正是帮孩子重新建立信任感的契机。

同时，在没有征得孩子同意的情况下，尽量减少他人的看望，哪怕是比较亲近的亲戚，更不要随意地告诉他人。也许你以为孩子不会知道，但那时的孩子犹如惊弓之鸟，正处于最敏感的时期。

05

那位作家的小说里面有个情节：

在女主人公受到伤害后，她问自己的母亲："为什么没有性教育？"

母亲回答她说："只有需要性的人，才需要性教育。"

什么是性教育？

性教育，不只是性知识的教育，还有防侵犯的教育。而且，不只是女孩需要性教育，男孩也需要。父母在对孩子进行性教育时，要明确地告诉孩子，怎样的行为是性伤害。没有接受过性教育的孩子，怎么能够第一时间意识到自己是否被侵犯了呢？

孩子应该从小建立自我保护的意识，要告诉孩子，陌生人未经同意触碰他的身体是不对的，甚至是危险的。即使不是陌生人，要触碰自己的身体，也需要经过自己同意才可以；哪些部位是隐私部位，是不能触碰的；如果遇到了陌生人触碰自己的身体，孩子该如何应对，等等。

自我保护意识的基础，是在家庭中一步步建立的。我们不能保证这个社会对孩子充满善意，但至少也要让孩子学会基本的自我保护。

如果住在彼此心里，死亡就不是分离

你一定要继续跳下去，虽然你看不见我，可是不管你在哪里跳舞，我都会一直
看着你。

我小的时候，闹过一个笑话：

有一天，一家人在一起聊天，聊着银行存款选择哪种方式的利率
更高，是存活期还是别的方式。

我竖着耳朵听，觉得很奇怪啊。什么是活期？于是我就问父母：
"存钱还有存死期的吗？"

在场的大人们都哈哈大笑，姨婆在旁边连忙说了几句："童言无
忌、童言无忌。"

我对这件事一直印象深刻，除了好笑之外，也听到了"童言无
忌"这个成语。为什么姨婆当时要说童言无忌呢？童言无忌是什么意
思呢？

后来才知道，大人们都很忌讳谈不吉利的话题，特别是和"死"这个字有关的话题。忌讳，往往伴随着恐惧。

01

有一次听朋友讲，他女儿在幼儿园的时候，跟其他孩子学来了一句话："哎呀，我死掉了。"在家的时候说了一句，结果被爷爷骂哭了。

孩子可能根本不明白这个词的含义，这句话也只是孩子之间游戏的一种方式，就像我们平时会说"笑死了"一样。朋友说，当时爷爷听到这句话之后，立马对女儿大声说了句："胡说！住嘴！你再乱说话就打你嘴巴！"

孩子都不知道发生了什么事情，当场哇哇大哭起来。

我还看到过一位网友的分享：孩子在幼儿园里学会了手工折纸，回到家里折了几朵小花，小朋友很高兴，很有成就感，就想和大家一起分享这份快乐。孩子把折好的纸花挂在了胸口，给妈妈也挂上了一朵，看到奶奶从厨房出来了，孩子跑过去想送一朵给奶奶。

结果奶奶拿起一扔："这个能戴吗？纸做的是给死人用的。"

孩子什么都不明白，还以为是自己做得不好，开始一个劲儿地哭。这位妈妈说，都不知道怎么和孩子解释发生了什么事。

我们对死亡的恐惧，就是这样不经意地传递给了孩子。孩子不知道"死"到底是什么，但是，孩子会在大人们的眼神里、语气里感受到一种恐惧。

白岩松说："中国人讨论死亡的时候简直就是小学生，因为中国从来没有真正的死亡教育。"

但是，死亡终究会有来临的那一天。和"死"有关的话题，也终将被孩子提及。到那时，你又该如何回答你的孩子？

02

家里的亲人去世了，孩子会问；养的宠物猫狗死了，孩子也会问；甚至清明假期，祭拜祖先、家长参加葬礼，孩子都会问。发生了

什么事情？爷爷要去哪里？我的小鸭子怎么不会走了？爸爸，如果你
死了，怎么办？

女儿三岁多的时候，家里买回了一只小鸭子，可惜没养好，鸭子
死掉了。女儿不知道发生了什么事情，但是她已经感受到了一些东
西。我如实地告诉她，鸭子死掉了，甚至都没有去诠释"死掉"的意
思是什么，女儿的眼泪就止不住地流了下来。

她很难过，我抱着她。

"但是我不想要鸭子死掉。"女儿哭着说。

"是的，我们都不想鸭子死掉。"

"可是它为什么还要死掉呢？"女儿继续问。

"我想，它走完了它生命的历程。"我回答道。

"那我想小鸭子了怎么办？"女儿又问。

"还记得爸爸用手机给你和小鸭子拍的照片吗？当你想它的时候，
你可以看看照片，你也可以在心里想着它的样子，想着当时你们一起
玩的情景。当你想它的时候，它就会从你的心里出来。"

接下来几个月的时间里，女儿几乎都会问我们同样的问题："爸
爸，如果你死了，怎么办？"

我会告诉她："我已经住在你的心里了，你想我的时候我就会从你
心里出来。"

她也会问："如果我死了，你们会难过吗？"

我回答她说："我会很难过。"

"为什么呀？"

"因为我们很爱你！"

再后来，她偶尔还会问我们同样的问题，在散步的时候、吃饭的
时候，她忽然想起这个问题的任何时候。我依然是这么回复她。她能感
受到我的态度，回想我的话语。我们可以非常坦然地去探讨这个话题。

03

当孩子和父母谈及生与死的话题时，父母的态度比谈话的内容更

重要。

我们可以思考一下自己对这个话题的态度。我们是否愿意坦然地面对死亡？如果自己本身都很忌讳、很恐惧谈及这个话题，那么无论我们怎样回应或引导孩子，孩子都会感受到父母传递过来的焦虑与恐惧。

而成年人从容坦然的态度，可以让孩子的情感体验感受到抱持，多次反复之后，孩子便可以在成年人身上学到面对死亡的态度和处理方式。

孩子对于"死"的理解，有时候和成年人是不一样的。比如文章前面提到的一个例子，在家说"哎呀，我死掉了"的那个女孩，这句话只是一个游戏方式。这种情况，我们可以反问下孩子，为什么会这样说？她是怎么理解的？

孩子谈论死亡的时候，可能是在考虑一件比死亡更重要的、更让她恐惧的事情。比如我的女儿问我，如果我死了，怎么办？

对于孩子来说，父母便是他的世界，如果这个世界"死"了，他怎么办？无法想象。所以，这个时候孩子谈论死亡，考虑更多的是他们需要的爱还在不在。

就像绘本《跳舞》里面的父亲说的："你一定要继续跳下去，虽然你看不见我，可是不管你在哪里跳舞，我都会一直看着你。"因为，无论父亲在哪里，爱都会在心里。

04

看过一篇文章，说人们对在亲友患病时谈论死亡问题十分忌讳，所以对医院的善终服务队也是敬而远之。当亲友住院，院方询问是否需要善终服务时，大部分人的反应是指责医院不救人，反而想病人快些死。

死亡，必然会带来分离，必然会带来失去，必然会带来悲伤、痛苦、难过。我们不但要告知孩子这些，还要引导他们面对现实，面对分离的悲伤。亲人的离去，对于成年人来说都是很悲痛的一个话题，有时候，我们自己也陷入了悲伤和难过的情绪之中，不知道如何跟孩子说这些事情，更不知道如何安抚孩子的情绪。

即使是这样，也请告诉孩子你的情绪、你的感受，有些事情暂时还不能和孩子谈，等你的情绪恢复之后，再好好地告诉他。让孩子知道，有些事情不能谈，是因为父母的情绪还没有恢复，跟孩子没有关系。

05

人们害怕谈及死亡的话题，认为说"死"是不吉利的，会忌讳、恐惧、焦虑。死亡就像镜子背后的黑暗怪兽，好像它随时要夺走我们的生命一样。

生与死，都是生命的一部分。死亡，不过是生命的完结、生命的最后一步。

泰戈尔说，生如夏花般灿烂，死如秋叶般静美。

绘本《一片叶子落下来》中说："对于不知道的事，我们全都害怕，这很自然。不过，春天变成夏天，你不害怕，夏天变成秋天，你也不害怕。这些都是自然的变化。那么，你为什么要害怕这死的季节呢？"

死亡，是一种分离，它必然会让人痛苦，我们害怕离别，是因为我们的爱还在一起。如果我们铭记所爱之人，爱，依然可以从心里活出来。如果我们住在彼此的心里，死亡就不是分离。

PART 5

我们都是情绪没长大的成年人

溺爱孩子的真相：其实是为了爱自己

很多时候，是老人们把自己"内在孩子"的形象投射到了孩子的身上，无节制地满足孩子，其实是在满足内在匮乏的自己。

为什么总说"隔代亲"，孩子都被宠上了天？

有位网友发来的内容很有意思，也很经典："公公婆婆就老公这么一个儿子，所以对孙子特别疼爱，总想把孙子留在身边。他们的观念是老人来带孩子，年轻人出去工作就可以了。"

我想，这位年轻的妈妈潜意识里面已经捕捉到了一些信息。公公婆婆只有一个儿子，他们是爱他们的儿子的，但是从心理意义上来说，儿子现在已经长大成人，组建了自己的新家庭，已经离开了原生家庭。所以公公婆婆要找到一个可替代的角色，作为他们的精神寄托，于是他们把这个寄托放到了孙子的身上，甚至觉得他们可以代替父母的职责。

这也是我们常说的传宗接代的本能，所以现在有很多催婚的现象，父母催的不单是你的婚姻，更是你结婚后生的孩子。而在公公婆婆当父母的时候，也许他们也忙于自己的工作和生计，又或者以前对自己的孩子比较严苛，或是当时物质条件不丰富，等等，因为这些因素的影响，让他们对儿女有一些愧疚心，总觉得需要补偿一下。但毕竟儿女现在成家了，有工作，有收入，也有自己的生活，所以，当有了孙辈以后，老人们对其特别溺爱，其实，内心深处是想借此补偿一下儿女，毕竟儿孙都是生命的延续。

再深入地去看，我们每个人内心都有一个"内在父母"和"内在孩子"，在我们的成长过程中，和父母之间的相处模式形成了我们内在的关系模式。

当我们有了孩子后，就会把我们的"内在孩子"的形象投射到孩子身上，希望他能够得到我们以前没有得到的东西，希望满足他我们以前没满足的事情。所以你可以问问自己，小时候很喜欢的某类爱好、玩具、零食，是不是也非常想带给你的孩子，满足你的孩子？特别是，如果孩子也恰好喜欢这样东西的话，你是否会觉得特别开心？

因此，很多老人带孩子没有节制、没有规则，要什么给什么。其实，这是老人们把自己的"内在孩子"的形象投射到了孩子的身上，无节制地满足孩子，其实是想满足内在匮乏的自己。

为什么会无节制地满足孩子？除了"内在孩子"的投射，另一个原因是：没有责任的边界。比如有的老人会说，年轻人出去拼搏赚钱就好了，孩子由他们来带。看起来他们是可以代替孩子的父母照料孩子，但是无论怎么代替，都代替不了父母的责任。这也是很多家庭养育矛盾的一个根源。

一位朋友曾经和我说："都说隔代亲，孩子都被宠上了天。无论对错都护着，在教育孩子方面老是和我们做父母的对着干，好像他们更爱孩子一样。真是无奈！"

《三字经》里有这样一句："养不教，父之过。"其实就是在明确责任的边界。

做父母的，即使很爱孩子，也会有意识地明确一些规则，尽管未必做得到位，甚至自己也做得不太好，但还是会要求孩子。而爷爷奶奶或者外公外婆在宠爱孙辈的时候就不大会有这方面的考虑。从心理层面上说，这是没有责任的边界。

也有很多朋友提到过，老人们在照顾孩子的时候，特别害怕孩子生病，一旦有个感冒发烧就焦虑得不得了，经常盲目地喂药，普通风寒发烧都会带孩子去打抗生素。也许我们会觉得，老人们对这种情况没有一点科学知识，不可理喻。但是，我们更应该看到老人们在这件事情上的焦虑情绪。孩子毕竟不是自己的儿女，一旦在养育的过程中出现身体健康等问题，他们会非常自责，觉得对不起子女。

另外，作为老年人，部分身体机能下降，各种大小病痛也是常年不断，他们会越来越多地担心自己的身体，产生面对死亡的恐惧，也会把这部分恐惧投射到孙辈身上。所以，他们对于孙辈的健康安全尤为在乎。因为，他们也深深地知道，他们担不起这个责任。

这些都是老人在带孩子时经常出现、比较经典的事例。这也是我们这个时代的一个缩影。现在的父母普遍比较忙，所以大部分的父母没有足够的时间陪伴孩子，孩子只好放手让老人去管。因为情绪和问题同时存在，无论是对孩子的教育，还是与老人之间的沟通，如果没有处理好，都会进一步加深隔代养育的问题。

父亲，是孩子走向广阔世界的桥梁

妈妈给孩子提供了基础的安全感，爸爸则拓宽了孩子的世界。

前不久，我参加了孩子学校组织的家庭亲子活动，尽管活动是在周末举行，但来的父亲并不多，粗略地看了看，还不到家长人数的三分之一。

"爸爸们都太忙了！"一位妈妈开玩笑似的说着，然后更多的妈妈接着这个话题聊开了。

"你家的还好，起码还能来参加孩子学校的活动，我们家的人影都不见。"

"周末还得在家加班，也是没办法的事。"

"在家还好，我们家那口子，整天工作工作，经常加班出差，还几天不回家。"

　　这的确是我们当今社会中很突出的一个家庭矛盾。大家都认可父亲在家庭中的重要性，然而，看父亲的角色在家庭剧本里面出场的次数，却又像是个配角。

　　忙，似乎成了父亲的一种属性，但这个属性是社会给父亲加上的一个标准，男人需要被社会接纳，家庭也需要这个男人的物质支持。更准确地说，"忙"衡量了一个男人是否能够获得更高的社会经济地位的可能性。

　　而在家庭当中，亲密关系的质量决定了家的幸福感，亲密关系的质量不在于外在的衡量，而在于内在情感的投入。

　　对于孩子，特别是年幼的孩子来说，他们没有什么外在的评价系统，他们不在乎外在的社会、经济地位等物质条件，他们也不会拿这些去衡量父亲的价值。孩子在乎的，是父母的陪伴。

　　孩子最初都会跟妈妈更亲近，特别是在三岁之前。因为妈妈不仅哺育了孩子，同时也给了孩子情感的依恋。而在孩子渐渐长大的时候，爸爸则负责拓宽孩子的世界。

　　心理学精神分析理论提到一个"俄狄浦斯期"的概念，也就是我们通俗上说的恋父、恋母期。到三至五岁这个期间，孩子的性别意识增强，会越来越渴望和异性父母的亲密。如果父母的关系是稳定且和谐的话，孩子对这种亲近异性父母的渴望就会慢慢降低，并且越来越认可同性父母，认可自己的性别。

　　此时，对于男孩来说，他在父亲身上学到的是，如何尊重异性（妈妈），才能获得异性（妈妈）的爱和认可；对于女孩来说，她会更认同同性（妈妈）的女性性别身份，并且深深地知道，以后一定会以父亲作为模板来发展自己的亲密关系。

　　妈妈给孩子提供了基础的安全感，爸爸则拓宽了孩子的世界。孩子将会在爸爸身上学到更多和异性相处的方式，并且会从只有妈妈的世界中走出来，走向外面更广阔的世界。而这些过程，通常都是由于爸爸的参与而启动的。

　　我们常常看到，身边的很多男人在普遍的社会价值观的影响下，努力塑造自己被社会认可的男人的形象。他要挣钱养家，他该事业有成，他要去征服世界，等等。

甚至，人们一致认为男人就该是这样的。而父亲这个角色，也因此或主动或被动地成了家庭中的隐形人。孩子通常生活在一个依赖母亲的世界里。

作为男人，他要外出打拼养家糊口。可是别忘了，作为父亲，他要想着回家，记着回家。这不仅是情感的连接，也是父亲的责任。

父亲，是孩子走向广阔世界的桥梁。

你是"手机爸爸"吗

父母怪孩子沉迷于手机、电视，同时，又切断了和孩子之间的情感交流，间接地把孩子推给了手机和电视。

有位网友留言说，儿子六岁多了，给他买了一堆儿童图书，可他就是不看，非要看电视、玩手机。

每天从幼儿园回到家，第一件事就是看电视，动画片一个接一个不停地看。要是关了电视，他就会不停地哭闹。要么就谈条件，不看电视就要玩手机。

怎么办？怎么样才能够让孩子少看电视、多看书？

01

读书和写作分不开，我们先来看看一位小朋友写的作文。这位小朋友在作文里面写道：

爸爸，我一直想对你说，陪我玩一会儿。但你只会玩手机，玩完手机就看电视。我真的非常生气，你已经不是我爸了，你快要成手机的爸爸了。

虽然言语稚嫩，却直击人心。有同校孩子的家长接受采访时说，看完这篇作文，自己的心仿佛被重锤敲击了一番，震惊无比。

提起文章中的内容，这位家长的儿子也深有感触，甚至掉下了眼泪。他说，看着近乎依赖地玩着手机的妈妈，他只有委屈和无奈。在他的房间里，摆放着大量的玩具，还有一台妈妈给他买的电脑。但是，对于他来说，游戏和电脑都代替不了爸爸妈妈的陪伴。

很多家长朋友看完这篇作文之后也都纷纷转发，希望能够引起更多家长的反思。

反思什么？反思我们是不是变成了"手机爸爸"和"作业妈妈"？

02

妈妈是"作业妈妈"，爸爸是"手机爸爸"，对于孩子来说，没有情感的陪伴，他只好跟电视、手机来交流了。那位小朋友的作文之所以能够引起大家的关注，是因为很多人都有过切身体会。

一位网友分享说，每次她和爸爸聊天的时候，爸爸的眼睛都盯着电视，还说"正听着呢"。要么就是说话的时候总是看着手机，还理直气壮地说，眼睛看不影响耳朵听。

有位妈妈说，当孩子对她说："妈妈，陪我玩会儿吧。"自己却总是拿着玩具搪塞孩子："宝贝乖，自己玩会儿吧，妈妈有事！"而所谓的事，无非就是刷刷微信，看看朋友圈！

然而，当家长看到孩子拿起自己的手机玩的时候，又会呵斥孩子。如果孩子不情愿，父母还会长篇大论，以保护视力等各种理由来教育孩子。看看这篇小朋友的作文，再进行反思：孩子玩手机到底是受到了谁的影响？

　　我们怪孩子沉迷于手机、电视，同时，又切断了和孩子之间的情感交流与陪伴，间接地把孩子推给了手机和电视。

　　似乎我们成年人之间，也经常遇到这样的情况。比如微博上曾有个热点话题：和一直玩手机的朋友吃饭，是一种什么样的体验？你的感受会如何？

　　再换位想象下，如果在孩子和父母的互动中，爸爸妈妈一直看着手机，孩子又会是什么样的感受？

　　我们的连接就是这样被阻断的，情感缺少流动，关系不够优质。难怪说，世界上最遥远的距离，是我在你身边，你却在玩手机。

03

　　文章开头提问的网友只是说买了一堆书回来孩子却不看，并没有提到她陪伴孩子的细节。现在很多父母想要培养孩子良好的阅读习惯，但是，如果我们自己都不能做到基本的陪伴，又如何能滋养孩子的兴趣爱好呢？这样只会像上面那位网友的分享所说，孩子看电视、玩手机，很可能就是受父母影响的。

　　记得董卿说过，想让自己的孩子成为什么样，得先把自己变成什么样。

　　如果你想让孩子对某方面产生兴趣爱好的话，最好用最简单的办法，就是激发孩子对这件事的热情。而最能引起孩子热情的重要因素之一，就是父母本身也对这件事情很感兴趣。

　　比如热爱体育运动的父母，他们的孩子也很容易对运动产生兴趣，只要父母不逼着孩子去锻炼的话，那么父母对体育运动的热情，就很容易吸引和感染到孩子。

　　如果我们想让孩子对阅读产生兴趣，我们需要做的就是，经常和孩子一起分享阅读的快乐，而不是把这个乐趣当作任务。

　　让孩子体验到阅读的乐趣，并不在于你给孩子买了多少书，而是你和孩子一起看了多少书，陪伴孩子一起去了解书里面的故事。最重要的是，在这个过程中，父母和孩子彼此情感的流动而产生的快乐。

　　有父母的陪伴和情感的滋养，孩子的依恋需求自然会得到满足，孩子的兴趣爱好也会得到发展。因为有连接，孩子便能在这些活动中体验到快乐，也会继续追寻着这些快乐。他会自主地去阅读，去发展他的兴趣爱好，去探索更多的快乐。

　　这些，都是可以尝试做到的；这些，都是不会花费我们太多时间的。

为什么别人看着我做事，我会做不好

我允许你走进我的世界，但不允许你走来走去。请先待在你应该待的地方，现在，我只做我想做的事情。

每一次自己单独去做某件事，都能完成得很好。可是在别人面前做事，却总是出错。这是一种怎样的心理，算是病吗？

01

一个朋友在公司里面做话务客服，每天都要处理很多的电话，有联系业务的，也有投诉的。每天拼的不仅是体力，更是脑力。做客服，不仅要有克服业务问题的能力，更要有克服情绪问题的能力。

无论是在同事看来，还是在上级看来，这位朋友的业务能力都是非常出色的，收到的客户评价也非常高。但朋友说，她一直有一个困难是克服不了的。

每次她在工作中接听电话时，如果旁边有人，特别是那个人还看着她的话，她就会觉得很紧张，即使是很熟悉的业务内容，有时候也会说错。这时候她就非常希望对方可以从她身边走开，或者尽快地把那个电话结束。

我问过朋友，是否因为站在旁边的人是她的上司？朋友说，有可能，但不一定。主管平时会来巡查，站在她旁边的时候她的确会很紧张。但有时候，旁边站的是同事，她也会很紧张。

对于朋友平常的业务处理能力，客户的评价是比较高的。所以，主管常常让她去带新同事，她也能教得很好。但如果碰到同事过来跟着她学习，看着她处理业务的话，她就会变得紧张起来了。

如果电话那头的问题比较麻烦，或者是遇上客户投诉的话，即便原本是她可以处理得很好的事情，似乎也变得困难起来，偶尔还会出现一些小错误。

朋友说，她不喜欢在自己工作的时候，旁边有人看着。因为工作的时候被人看着，自己就会觉得不够自在，也很难专注在工作上，最后事情多半会做得不够好。

02

很多朋友都会有类似下面这种经历：

小时候的你，在家里读书写作业，父母说，他们要陪着你。他们只是在桌子旁边待着，也可能在旁边一起看书，甚至他们连话都没有说一句。因为要给你营造一种学习的气氛，丝毫都不能打扰你。

回想一下，你当时是什么样的感觉？

问过很多有过类似经历的朋友，除了少数朋友表示可以享受这个过程，大多数人都说，会感觉很不自在，很别扭，有不信任感，好像自己被监督、被监视。那么，这个不自在、别扭，到底意味着什么？

大部分人会得出这个比较一致的答案：觉得自己的空间被打扰了。这个空间不仅是物理的，也是心理的空间。特别是当这件事主要是由自己去完成的，通常不涉及和他人之间合作的时候。

当我们准备去做这样一件事情，或者正在做这件事的时候，我们的内心会为做这件事腾出一个空间，这个空间可以让我们的能量专注于将要去做的事情。

当我们的空间被打扰的时候，我们心理的空间也被侵犯了，就不能够完整地、专注地做这件事情。要专门划出一小块地盘来，给别人一些位置。做事情好像就变得需要这个位置的人交代些什么似的。我们分给自己的能量，就变得更少了。

03

我曾在一篇文章里提到过，父母常常为了满足自己的需要，剥夺了孩子的自我功能。父母在孩子需要独立成长空间的时候，常常干扰了孩子自己的节奏。而且，父母在打扰孩子的时候，又会加进去很多自己的评价。

有位网友给我留言，分享了她的经历：

"我妈也这样，本来我看书看得好好的，结果她一来，我就静不下心来看书了，总是担心她会批评我。虽然她当时没有说我什么，但我就是不能像刚才那样看书。我只是眼睛看着这本书，但是内容一点都没有进到脑袋里面去。果然，没多久我妈就开始说我，觉得我看书不认真，心不在焉……分明就是她来打扰了我好不好？每次她在我旁边的时候，我就会觉得有种隐隐的不信任感。"

那种隐隐地传达过来的不信任感，一直在干扰着我们。久而久之，我们逐渐形成了习惯，即使旁边的人没想打扰我们，我们也不喜欢有人站在旁边看着，我们不喜欢的是曾经被监督的感觉，是那种不被信任的感觉。

04

也许很多父母会说，我不是不信任孩子，我只是想给孩子更好的环境。他们会有各种各样的担心。担心孩子吃不饱，所以要看着孩子吃；担心孩子不够专注，所以要陪着他，营造一个专注的气氛。

吃得饱不饱，也许只有吃的人才知道；看得专不专注，只有投入其中的人才能感受。

父母的出发点是好的，但这些做法的确给孩子传递了一种不被信任的感觉，甚至是被打扰、被控制的感觉。而这种情况下，孩子不能反击，只好被动应对，原来可以做好的事情，往往做得越来越不好。再往后，行为成了习惯，即便别人没有监督、没有打扰，我们也很容易陷入到习惯的模式中。

这时，我们的注意力也会变得容易分散，无法专注。特别是碰到了困难、挫折的时候，这些困难、挫折会很容易被放大。不仅放大了做这件事情的困难，更担心失败后别人看自己的眼光。这种感觉会让我们心里不舒服，也影响着我们继续做这件事情的状态。

当我们在这种状态下做事，就更容易产生各种担心，还忍不住提醒自己，又有人看着了。有人看的时候又担心自己出错，然后就容易陷入一种恶性的自我暗示之中。

05

问题又来了，这种情况怎么办？

第一，我们不需要向别人交代什么。告诉自己，我只需要对自己负责。

第二，维护自己的空间。请告诉旁边的人，我现在在工作，需要一个自己的空间，你太有魅力了，在旁边会吸引和分散我的注意力。当你这么说的时候，请记住要温柔而坚定。

第三，如果不可避免的，旁边一定会有人，就告诉自己，不要在意，按自己的节奏来就可以了。允许自己处于紧张或者焦虑的状态，在接受自己的状态后，先定一个小目标，比方说，先完成第一步。

如果你实现了这个小目标，可以再继续完成下一个小目标。在紧张焦虑的状态下，继续下去，多看一页书，多处理一个工作环节。当你实现了第一步之后，每继续往前的一步，都将慢慢变成一种良性循环，你的内在空间将会越来越大。

第四，如果你愿意，而且也做好了准备，你还可以特意找这种环境去工作，专门找有人会在旁边看着你的环境去做事，甚至可以选择人多一些的地方。

豆瓣上有位朋友问，如果自己看恐怖电影，自己吓到了自己，该怎么办？另一位网友给出了一个很恐怖的答案："再多吓几次。"

听起来似乎是个玩笑话，但心理学中称作"行为治疗"的大概就是这个原理。让你多次处于不舒适的环境中，降低你对这个环境的敏感度，从而逐渐去适应。不过这个过程会比较痛苦，特别是最开头的那几次。

当你发现你可以对自己负责的时候，你的力量就会迸发出来，你就可以维护自己的空间。当你的空间足够大的时候，你的容纳能力也会相应增加。你会发现，无论有没有人在旁边，自己的内心都有足够大的空间去放置自己的专注力，也有足够大的地盘去应对那些你不想要的东西。

尽管他们还有可能出现在你的心里，但你的内心有足够大的空间来容纳。你可以对他们说，我允许你走进我的世界，但不允许你在我的世界里走来走去。请先待在你应该待的地方，现在，我只做我想做的事情。

看见孩子——养育孩子最好的套路

孩子渴望被父母看见，恋人渴望被彼此看见。在生活中，我们却往往视而不见。

01

有位朋友看了我的文章后，跟我分享了她"看见"孩子的过程：

某天，她下班回到家。儿子正在和保姆一起玩，看到妈妈回来就很高兴。她抱了抱孩子，还陪孩子在客厅玩了一会儿。忽然想起下班的时候收到过快递取件码短信，快递还存放在楼下的快递智能柜里没拿。于是，她又跑下去取件。

来回不过几分钟时间，当她回到家门口的时候，听到儿子在哇哇大哭。她赶紧进屋把孩子抱在怀里，陪着孩子。问保姆，保姆也不知道发生了什么事情，说是她离开后，没一会儿孩子就开始哭了，然后越哭越大声，完全止不住。

她继续抱着孩子，希望可以缓和一下孩子的情绪。

"我不喜欢妈妈了……"孩子一边哭一边对她说。

"妈妈爱你，妈妈喜欢你……"她继续尝试接纳孩子的情绪。

"宝贝，是因为妈妈离开了吗？妈妈下去拿快递了，你看，妈妈不是回来了吗。"她也尝试着和孩子解释，但孩子依然在哭。

她继续陪伴着孩子，等孩子情绪稳定一些了，她又尝试着去了解孩子情绪的来源和想法。

"宝贝，是不是因为妈妈离开的时候，没有和你说就走开了？你以为妈妈不见了，是吗？"

"是……"孩子哽咽着说，"我不要妈妈不见了……"

说到这儿的时候，孩子又大哭了一下。这应该就是重点原因。她一边陪着孩子，一边抚摸着孩子的后背。孩子渐渐地停止了哭泣。

这位朋友说，以前她总是按成人的想法去理解，不就走开一下嘛，怎么那么多事呢？最后往往是孩子哭累了，就停下来了，或者用其他的方式哄孩子。这次，她是真正尝试着看见了孩子的状态，接纳了孩子的情绪，也帮孩子把他不能描述的情感表达出来了。

看见孩子，是养育孩子最好的套路。

02

孩子渴望被父母看见，恋人渴望被彼此看见。在生活中，我们却往往视而不见。

有位朋友说，昨天她和老公吵架了。吵架的原因也很简单，因为老公回到家就一直捧着iPad玩游戏，没有理她，也没有照料孩子。

这不是他们第一次因为这种事情吵架了。昨天晚上，孩子吵着要拿iPad来玩，老公被孩子闹得心烦意乱，就让孩子来找她要手机。一想到平时都是自己带孩子，老公却在那里逍遥自在，一怒之下，她把老公的iPad给砸了，老公也把她的手机给扔了。这是他们结婚四年来最激烈的一次争吵。

以前她每次和老公聊天，老公都是一边玩着手机或者电脑，一边有一句没一句地和她说话。朋友总是感到很失落，但她不知道自己究竟在失落些什么。直到读到《孩子哭闹，也许是要一个爱的证明》这篇文章的时候，她竟然忍不住哭了。她说："原来，我一直想要一个爱的证明，我也渴望着被我的父母看见，被我的丈夫看见。"

这次吵架，她之所以会对老公有那么强烈的愤怒，是因为她一直都没有被看见。但这几年中，自己却早已耗尽了对生活的热情。

愤怒，是一种无法言说的爱。我们每个人内在的孩子，都渴望被看见。因为看见，才有连接，才有爱。恨，是因为爱而不能。

03

这让我想起了在小区散步的时候看到的一个画面：

一位妈妈带着她的女儿在小区里面散步。

"妈妈，妈妈，你看呀！"一个小女孩跟在她妈妈身后喊着。

"噢。"女孩的妈妈简单地回应了一句。

"妈妈，为什么这个水池的水干了？"

"……"

"妈妈，妈妈……"

女孩一直在叫"妈妈"，她想和妈妈分享她发现的东西，她希望妈妈也能注意到。那位妈妈一直在聚精会神地盯着手机屏幕，慢慢地走在前面，最多简单地回应孩子一句。

一开始，小女孩的声音是兴奋的，慢慢地音调降了，再后来小女孩不再叫"妈妈"了。她在地上捡了一根树枝，跟在妈妈身后，没有再说一句话。

无回应之地即是绝境。

04

自体心理学关于客体情绪经验的理论提到，当人处在不被回应的环境中，那即是精神之死亡或者停滞之地。人的精神世界，追求的是一种被理解和看见的情感。

　　成年人也经常能够感觉到，如果没有被对方看见，自己的情绪就难免失落，甚至波澜起伏。想象一下，如果在你和伴侣互动的过程中，对方玩着手机或电脑，有一搭没一搭地回应着你，你的感受如何？

　　成人如此，儿童尤甚。

　　《自体心理学的理论》中讲了一个故事：五岁的男孩迈克，在幼儿园学溜冰时遇到了挫折，他仍然坚持不懈地努力。回到家后，他却情绪低落。

　　妈妈问他："你以前做得很好，这次不好，是由于什么原因呢？"

　　迈克眼泪汪汪地说："是因为你们没在那儿看着我。"

　　看见孩子，才能滋养与孩子情感的连接。

　　如果可以，请在假期放下手机，放下不是特别紧要的工作，留出时间，好好陪陪渴望被你看见的人。

　　我们都渴望被看见，因为被看见，就是爱。

所有家暴的目的都是控制

只有"恨"出来了，孩子才能看到并接受他的家庭，接受父母关系的真相。这样他才不会自恋地认为，是他导致了父母关系的破裂。

谈到家庭暴力，大家最先想到的就是肢体的暴力。但我们需要注意到，还有很多种家庭暴力，并不是那么明显。比如性暴力、语言暴力、冷暴力等。

这些暴力对人的危害并不小于肢体暴力，而且也很有可能会逐渐演变为肢体暴力，并且不容易被发现，也不容易取证。很多人甚至会认为这是夫妻吵架，属于一般家庭矛盾。

01

为什么很多男性会实施家暴？

我和一位男性来访者谈到他家族里的事情。他和他父亲的关系特别糟糕，中学毕业后就出来工作了，以后长达三四年的时间，都没有跟家里人联系过。

他说这是为了躲避他的父亲，至于躲避什么，他也不清楚，总之离父亲越远越觉得舒服。他讲到一个事情，在电脑刚刚普及的时候，他的父亲高瞻远瞩，让他去学习打字。那个年代学习五笔打字就算是学电脑了。他工作之后存了点钱，打算买个笔记本电脑。他向父亲表达这个想法的时候，没想到父亲暴怒，极力反对，甚至说如果买了电脑就断绝父子关系。他反驳了几句，父亲一个耳光扇过来……

他说，他实在理解不了这种行为，之前让他去学打字、学电脑，怎么这时候他想买个笔记本电脑父亲就极力反对？一开始，他以为是钱的问题，毕竟他中学毕业出来工作，收入也不高。但这钱他自己已经准备好了，不用父母赞助呀。为什么呢？至于买个电脑就要断绝父子关系吗？

我们继续深入地谈下去，后来才算明白了，因为他买电脑这个想法已经决定了，但是没有事先和他爸商量。就是这个原因，严重刺激到了他父亲，让父亲有种失去控制的感觉。所以，没有经过他父亲同意的事，无论是好是坏，他父亲都要生气发怒，断绝父子关系。

02

所有的家暴行为，无论是肢体暴力、语言暴力，还是其他暴力行为，目的都是为了控制。

比如，在身体暴力和虐待行为中，我们都会对对方产生恐惧，我们会害怕对方要对我们做些什么。所以，我们什么都不敢做。这样施暴者就可以达到控制的目的。

施暴者需要感受到，他才是主宰者、掌控者、统治者，所有的决定必须由他来做。由他来判断你可以做什么，你应该做些什么，而且你不能提出质疑。对他而言，你只是从属于他的。

比如我这位来访者的例子，他父亲可以送他去学电脑，但是当他要自己买部电脑而事先未询问父亲意见的时候，他的父亲瞬间暴怒，立马就给他一个耳光，还说敢买就要断绝父子关系。

这就是因为他破坏了对方的控制，让对方感觉到不能统治他了。

有些男人在外面没有足够的赚钱能力，没有经济地位，甚至偶尔被人取笑。每天不是喝酒就是赌博，晚上回到家，就拿老婆孩子出气。

为什么这些男人会这样做？因为外部世界不能被他控制，而且让他感到很不友善。这打击了他的自恋，让他觉得很无助，这种内心的无助感让他备受煎熬。所以，当他不能控制家庭以外的环境时，他就回家寻找控制感，打孩子、打女人，控制这些体能上不如他的人。

通过这种方式，把自己的无助感投射出去，女人和孩子在他的暴力虐待下，是很无助的，而这时他才觉得自己是舒服的，是有存在感的。因为他通过折磨别人，证明自己拥有处置权，这样才能找回所谓的尊严和控制感。

03

除了对别人的控制，有时施暴者也会采用威胁的手段。

施暴者不单单会威胁家人，甚至会说他要自杀、要杀害孩子或对方的父母。这也让受害人内心更加恐惧，有了很多的顾忌。这也是很多遭受家暴的女性朋友不敢、甚至不愿意寻求帮助的一个原因。害怕，已经深入骨髓。

家暴中经常还会出现羞辱的控制，甚至是在任意时间，都会想办法让受害者感受糟糕的情绪，觉得自己就是下贱的，没有尊严、没有人格，因而无力反抗。

04

施暴者还会尽量封锁受害人和外部世界的联系。

他们会阻止受害人见同事、朋友和家人，甚至妨碍别人工作的进行。最后，受害人不得不退出工作，减少交际。无论去哪儿、见谁、和什么人通电话，做什么事情都需要获得施暴者的同意。

而且在家暴过程中，施暴者常常会否定对方的感受、情绪。比如在进行肢体暴力之后，他过来说"休息两天就好了""听话啊，下次别惹我生气了"。

怎么可能休息两天就好呢？但这种暗示的次数多了，对方会真觉得，可能不疼了，甚至是没感觉了。

这既是家暴者的心理暗示，同时也是受害方自己对现实的心理防御。曾经听过被家暴的女性的分享，在受到侵害的过程中，她经常觉得自己的灵魂就飘在窗台上、天花板上，看着自己的肉体受折磨、受凌辱。

无情的逻辑，让受害者自己否定自己的情绪和感受。这些，都是为了增加受害者的无助感，以便更好地进行控制。

05

施暴者为什么要追求控制呢？

一、保护自恋。他们认为，在亲密关系中，自己是没有问题的，所有的问题都是对方造成的。

"你干吗要反抗？你说你不反抗多好，那我就不会打你了。"诸如此类。因为他们的自恋，会要求对方必须遵从自己。比如前面举的例子，儿子要买笔记本电脑，因为没有征求父亲的意见，最后父亲要断绝父子关系。这些都是他们的自恋心理，要控制对方，要对方必须遵从他，必须做一些事情，以达到他的目的，无论这件事情是否符合道德、是否合法。

二、投射自己的无助感、痛苦、仇恨。他们之所以控制对方，是因为他们要把无助感和内心的痛苦或者是仇恨投射出去。

这时候施暴者的心里很容易产生猜疑心、嫉妒心，比如怀疑妻子不忠，怀疑妻子看不起自己。而且很多时候，家暴的开始，是在施暴者经受挫折的情况下发生的，比如工作事业上的失意、人际关系的失败、感情生活的不顺，等等。挫败感打击了他的自恋。

三、家族的影响。我们的文化传统里面就有这么一项——不打不成器。我们在接受父母打骂教育的同时，基本都会听到这些熟悉的话语："都是为你好""打你是让你长记性""我爱你，关心你，所以我才这么教育你"。

在我们小的时候，是没有办法反抗的，但心里会对父母产生各种各样的情绪，这些情绪无法表达出来，就埋在我们的潜意识里面。然而在意识层面上，我们又接受了这些催眠："我爱你，所以我才这样对你"。

家庭环境过于严厉，会给孩子造成一种影响，他会以为，这就是爱。很多在棍棒教育下长大的孩子，他们也许曾经发誓不会像他们的父母一样，要做个慈爱的父母，但是现实中他们却很难做到。他们经常会被莫名其妙的情绪左右，甚至变得比自己的父母更暴力。

这是因为，他们那些被埋下去的潜意识，那些没有好好表达出来的情绪，一旦受到周围环境的影响，回忆起童年的经历，就很容易爆发出来。

06

面对家暴，我们可以做些什么？

一、提前觉察到家暴的可能性

通过你的情绪和感受，提前预判是否有发生家暴的可能。比如你是否会对你的伴侣感到害怕，是否因为害怕让对方生气，而避免做一些事情，或不敢去做一些事情，如工作、人际交往、兴趣爱好等。

通过伴侣对待你的态度来判断是否有发生家暴的可能。比如对方是否会对你吼叫或者进行羞辱、贬低；是否会查看你的通信记录、行程安排；是否会控制你的经济来源；是否会威胁你和孩子或亲人的安全；是否威胁你如果敢做什么事情（比如离婚），他将会自杀。这些例子都是一种信号。

二、学会直接表达愤怒的情绪，明确边界

当你的边界第一次被侵犯的时候，你就需要反抗，而且立场需要非常明确。也许你的体能或力气不足以抵抗暴力，但不代表你不能表达，不能抗议。这是你的态度。

三、尽量保证自己的人身安全

不要激起对方的猜疑心，不要破坏对方的自恋（他对你的完全控制感）。因为当对方不能控制你时，他会采取身体暴力甚至是虐待的方式。

四、跟自己进行积极的自我对话

多肯定自己，肯定自己的感受和情绪。告诉自己，相信自己是值得被爱的。有一个简单的照镜子方法：对着镜子告诉自己，我值得被尊重，我值得被爱，我可以摆脱这里，我可以选择真正珍惜我的人。

多接触外界，并建立一些可以支持你的人际关系。观察自己的内在模式，如果可能，去探讨一下原生家庭对你的影响。

五、告诉孩子关于家暴他需要知道的东西

首先要对孩子明确，这不是孩子的错，他不需要承担父母的痛苦。另外，无论如何，暴力行为是不对的。即使父母的婚姻关系因此结束，但亲子关系不会结束。

家暴的事实已给孩子带来了伤害，告诉孩子，对有暴力行为的父亲产生恨意，这很正常。如果有必要，可让孩子接受心理咨询，只有"恨"出来了，孩子才能看到和接受他的家庭、他父母关系的真实真相。这样他才不会自恋地认为，是他导致了父母关系破裂。同时，也知道这样的家庭关系，并不是真正的爱。

别用成年人的角度去看待孩子的问题

说教和道理，只会产生距离；共情和理解，才能产生沟通。而共情与理解的基础，就是站在孩子的角度去看待孩子遇到的问题。

看过一个笑话：爷孙俩在花园里玩，孙子在给花儿浇水，带着老花镜的爷爷正在认真地看书。孙子看着爷爷秃顶的脑袋，灵机一动，便拿着洒水壶浇在了爷爷秃顶的头上。

爷爷吓了一跳，忙问孙子："你在做什么？"

孙子很认真地回答说："我想让你长出头发来。"

看这个笑话的时候，你也许会觉得孩子的想法真有趣。如果类似的情况发生在现实生活中，父母又是否能够理解孩子想表达什么呢？

01

有个孩子，幼年家境贫困，父母离异，姐弟几个从小跟着母亲生活。因为条件不好，妈妈每次都把为数不多的肉夹给孩子们吃。这个孩子不是很爱吃肉，他却每次都要把剩下的肉放在嘴里咬一下。这让妈妈非常伤心：你不吃就算了，还要咬一下，让别人怎么吃？妈妈认为这个孩子很自私。

有一次，妈妈两个多月没拿到薪水，好不容易从娘家周转了一些钱，买了几只鸡腿回家，想改善一下孩子们的伙食。没想到，这个调皮的孩子竟不小心把鸡腿掉到了地上。因为当时能买到鸡腿实在不易，妈妈一气之下打了他一顿。最后，妈妈因为舍不得，所以将鸡腿拿去冲冲水，自己吃了。

很多年过去了，这个孩子和妈妈一起接受媒体采访的时候，再次提起了这段往事。因为童年的他发现妈妈很少吃肉，但每次她都会吃掉他们吃剩的肉。那段日子，妈妈只吃咸菜，把好吃的都给了他们姐弟。于是，这个调皮的孩子故意将鸡腿弄脏，只有这样，妈妈才会吃到。

他对妈妈说："要不是当时我把鸡腿掉到地上，你会舍得吃吗？只有这样你才会吃啊！"

这个调皮的男孩，大家都说他很无厘头，后来他也拍了很多经典卖座的无厘头电影，很多电影里面，都有他烤鸡翅、吃鸡腿的场景。这个调皮的男孩，名叫周星驰。

02

很多时候，我们都是站在成年人的角度去看孩子的世界，所以我们总是难以理解孩子的各种想法。

有位朋友说，她带着孩子去逛商场，但是孩子的兴致不高。商场里人来人往，她想牵着孩子的手走，但是孩子就是不愿牵着她的手，而是想要自己走。朋友担心商场人多孩子容易走丢，所以坚持要牵着孩子的手。但没走多久，孩子又想挣脱，一会儿说走累了，要她抱着，一会儿又对她说想回家。

但是，还没逛多久，孩子累什么呢？

于是，她开始对孩子有情绪了："这才走了几步路？如果累了就在附近坐会儿，休息一下，你自己走怎么就不累？商场人多，我必须牵着你，如果一直抱着你我也会很累的。"她觉得孩子就是在撒娇，想要她抱。

后来，朋友看到网上有位妈妈也遇到过类似的情况。这位妈妈蹲下身来给孩子系鞋带时，忽然发现，以孩子的身高，只能看见来往行人的腿，以及一些高高的柜子，而以大人的高度，看到的不是这样。

朋友开始反思，是不是忽略了孩子的感受呢？于是，她每次外出牵着孩子的手时，开始留意孩子的反应和状态。她终于发现，孩子其实并不是排斥和她牵手，也不是因为撒娇要她抱，而是真的累了。但不是走累了，是手累了。

因为她身材高挑，每次牵着孩子，孩子都需要把手臂举起来。她说自己专门去尝试了一下，举起手臂走路的时候，真的没几分钟就累了。况且孩子还要跟着成年人的步伐，看着来来往往的大腿，怎么会有兴致呢？

每个人都有自己的思维模式，成年人有成年人的思维，孩子也有孩子的视角。而我们总是习惯性地从成年人的角度出发，用自己的想法去揣度孩子的想法，而忽略了孩子的心理和感受。

03

父母常常会对孩子的话感到无奈，和他们沟通起来毫无头绪。有时候，你很努力地讲了一大通道理，却毫无效果和实际意义。因为孩子更在意的是他们的感受。其实，我们每个人都会在意自己的感受。

孩子怎么就不能理解父母呢？你说了那么多道理他怎么就不懂呢？于是，那些努力想和孩子讲道理的父母，很快会发现，自己情绪一上来，也变得毫无道理可讲，似乎只有冲着孩子大喊大叫发脾气，孩子才能听话。但那个时候孩子不是听懂了道理，而是感觉到了父母的威胁。

美国家庭治疗大师萨提亚说："当孩子确实有错误需要纠正时，父母通常会采取很坦诚的办法，询问原因，倾听孩子的心声，给予关爱和理解，同时体会孩子的感受。"

　　当孩子说起一件事情，或出现某一行为的时候，最好的反应通常不是针对事情本身，而是了解事情背后孩子的情绪和感受。

孩子一哭，我就不知道怎么办了

允许孩子有情绪，也让孩子认知父母的情绪。

去参加孩子幼儿园的家长会，很多家长说，一看到自己的孩子哭就焦虑得不得了，也不知道该怎么办。每天送孩子来学校，孩子赖床磨蹭的时候，自己就非常焦躁。自己情绪一上来，孩子的情绪也稳定不下去，这种情况怎么办？

01

我也遇到过这样的事情，那就先从我自己的经历开始说起吧。

有一次，因为外出工作了一周，很多事情堆积着待处理。那天早上，计划着女儿可以早点起来，早点送她去学校，然后我就可以早点开始我的工作，但是她就是不想起床。

　　起初我还是有点耐心的，但随着时间越来越晚，从八点多一直拖到了九点多，我开始有点小情绪了，想着反正迟到也是孩子自己的事情，她都醒了还不想起床，那就由她自己决定吧。我待在书房，想开始安排今天的工作，但我怎么也进入不了工作的状态。看了会儿朋友圈，刷了下微博，纠结着今天被打乱的计划。

　　"爸爸，快过来……"女儿在房间里大声地叫我。

　　我再次从书房走到房间："你该起床了！"女儿没有回话。

　　"已经很晚了，都九点多了，你不去学校了吗？"女儿依然没有回应我。

　　"好吧，我在外面等你。"我又走去了书房。

　　几分钟后，女儿又在喊我过去。

　　我只想着快点送孩子去学校，好马上开始当时的工作。然而几番下来，我焦虑的情绪越来越强烈，可能有些不满。这次，我没有马上回应女儿，而是慢吞吞地走到房门前。

　　我再次催促她该起床去学校了，她回避了我的话题。女儿可能是感受到了我的情绪，她也明显地有了情绪，没再和我说话。我觉察到自己的态度不对，后来也就没再催促孩子。

　　没多久，女儿自己起床了，我陪她刷牙、洗脸，然后送她去学校。在路上，感受着凉爽的风，我的情绪比刚刚好多了，我便蹲下来和女儿道歉。

　　"对不起，爸爸刚才的态度不好，这是爸爸自己的问题，需要我自己来承担。"我主动和女儿先表达了自己的情绪，"因为爸爸今天有好多工作，原本想着你今天会早点起床的，所以在你醒来的时候没有好好地陪着你，只想让你快点去学校。刚刚爸爸的情绪不好，让你也觉得难受了，是吗？"

　　女儿点了点头。

　　"这些是爸爸的情绪，和你没有关系。对不起，你可以原谅我吗？"

　　"可以！"女儿终于没再回避我的话。

　　"谢谢你！"我说。

"那我们可以去吃早餐了吗，爸爸？"女儿笑着对我说。这情绪转变得太快了，我自己还没有完全走出来，而孩子在我和她道歉之后，却已经释然了。

02

我们的情绪产生之后，需要再次发散出去，好像把情绪扔给了对方，自己心里才能更舒服些。那些不能表达的情绪，我们就压着藏着，但它们还是存在的，所以，总会通过其他的方式释放出来。用被动攻击的方式对付彼此，双方的情感就会慢慢地不再流动。

比如我在情绪焦虑的状态下催促女儿上学，女儿自然不想承接我的焦虑，她会刻意避开。女儿感受到我的情绪之后，她也有情绪了。但是孩子不能很好地表述出来，就会选择回避，或者用其他的方式来回应父母的情绪。

孩子常常比成年人更能接受当下，该生气的时候生气，该难过的时候难过，当事情结束之后，也毫不掩饰对父母的依恋，这正是孩子们的可爱之处。孩子更容易接受情绪的流动，更容易从情绪中出来，也更容易因为我们的态度，而陷入情绪的困扰中。

03

我们在面对孩子的情绪时，应该怎么做呢？

第一步，就是允许孩子有情绪，允许孩子进行情绪的表达。

这是最简单的一步，也是不容易的一步。因为孩子情绪的出现，必然会引发父母的情绪。所以要记得区分，哪些情绪是孩子的，哪些情绪是自己的。我们只有学会为自己的情绪"埋单"，孩子才能在我们身上学会为自己的情绪负责。

第二步，让孩子知道父母的情绪是什么。

如前文所述，情绪不可知的时候，就是不可控的。当情绪可以被接纳的时候，就能流畅地表达出来。我们要引导和告诉孩子，他刚刚的情绪是什么。当孩子可以认识自己情绪的时候，孩子就会懂得这是他生命中的一部分。

当孩子能够认识自己情绪的时候，就能知道情绪背后有什么，而这常常也意味着，他对别人的情绪有了觉知。孩子将会分辨哪些是自己的情绪，哪些是父母的情绪，哪些情绪是不用他负责的。这样，情绪就变得可控，关系也会变得容易流动。

第三步，了解情绪背后的事情。

当孩子表达出他的感受之后，情绪就会缓和很多，接下来才开始处理现实层面发生的事情。同样地，在亲密关系中，也可以用这样的方法去了解和认识自己的情绪。分辨出哪些是自己的情绪，哪些是对方的情绪。

亲密关系中的冲突与争吵，不是用来打败彼此的。因为我们都希望对方能够看到我们那份无法表达的感受。

给孩子一个善意的成长环境

孩子是一面镜子，社会给了孩子什么样的环境，孩子就会不经意地吸收、效仿、反射出来。而我们的孩子，终将生活在社会这个大环境中。

曾经听过一个笑话：

一个孩子在学校打架，被学校通报批评。他的父亲觉得面子挂不住，便在校长室怒斥孩子："我平时怎么教你的？啊？怎么教你的？老子叫你打，叫你打……"

这位父亲当着老师的面给了儿子两耳光。老师这才明白，原来这位父亲平时就是这样教孩子的，难怪儿子会打架。

01

看到一则新闻，一个小学生辱骂了年轻女教师两分多钟，话语中夹杂各种脏字，不重复！

网传的视频中，小男孩在培训班抢位子，被老师训斥后，他反而辱骂老师："老子要你管吗？"

视频中的男孩年纪不大，却张口闭口都是脏字，态度蛮横。老师要求男孩道歉，男孩对此置若罔闻，仍然不断冒着脏话，时间持续了两分多钟。对此，老师也很无奈，只能威胁："你等下不向我道歉，我不会让你回去的。"面对老师的批评，小男孩仍保持嚣张姿态。

看到这个视频，网友纷纷评论，有人指责孩子父母管教不好，也有人觉得老师的做法欠妥。

我关心的问题是，什么样的环境，可以把这个孩子的骂人技术培养得如此娴熟呢？

02

父母教给孩子的事情，自己能做到吗？

我们平时带孩子出去，过马路的时候难免会看到有人闯红灯的现象，在公园里总会看到有人随地扔垃圾。每当孩子问我们，为什么红灯亮了那个人还要跑过去？为什么那个人不把垃圾放到垃圾桶？我们不知该如何回答孩子。

有组叫《爸爸说》的漫画给我们提供了很好的参考。他告诉孩子："红灯停绿灯行是交通规则，每个人可以有不同的选择，但是能够坚持对的事情，不受错误的引诱，这叫自尊。"

我们要学会自尊才能尊重别人，但是我们学会自保，不一定保护得了自己。我们会遵守交通规则，并不意味着社会上的每个人都能遵守。

台湾著名女作家张晓风在她的文章《我交给你们一个孩子》中写道：

今天早晨，我交给你们一个小男孩，他还不知恐惧为何物，我却是知道的。我开始恐惧自己有没有交错。

我把他交给马路，我要他遵守规矩，沿着人行道而行。但是，匆匆的路人啊，你们能够小心一点儿吗？不要撞倒我的孩子。我把我的至爱交给了纵横的道路，容许我看见他平平安安地回来。

还有个段子，说幼儿园的小朋友们现在都开始学习交通规则，知道红灯停绿灯行。

那么黄灯呢？

小朋友们会告诉你，黄灯是警告，是暂停。

而成年人会焦急地对你说，你还不赶紧踩油门，快冲过去呀！

我们教会孩子遵守交通规则，却未必可以以身作则。孩子困惑了，为什么会有两种不同的标准呢？

03

让孩子健康成长是所有父母的期望，而健康成长最需要的是环境：家庭环境、校园环境、社会环境。

孩子在这些环境中慢慢长大，在这些环境中去看、去模仿、去学习、去理解。儿童发展心理学里面讲到，儿童思维的发展分为三个阶段，分别是：动作思维阶段、具体形象思维阶段和抽象逻辑思维阶段。

儿童成长的早期，主要是以动作思维为主，这个阶段是依靠感知和动作来完成的。所以孩子会看着成年人的动作去模仿，听着成年人的语言去学习。孩子没有足够判断是非对错的能力，他能做的就是跟着外界的动作去模仿、去学习。

这个时候，周围人的每一句话、每一个动作，都容易引起孩子探索和学习的兴趣，无论好的坏的，都将影响着孩子的认知。这是教导孩子的最好时期，也是孩子最薄弱、最容易受到负面影响的时期。

04

我们的社会中广泛存在着逗小孩的陋习，把毫无防备、单纯敏感的孩子，弄得和有些成年人一样鄙俗。

之前就有多次新闻报道因为长辈逗孩子喝酒而导致的悲剧事件，

有的孩子患继发性脑损伤，有的因酒精中毒抢救无效身亡。悲剧的背后除了相关法律监管的缺失，更多的是"中国式逗小孩"的陋习作祟。

有心理学家曾经分享过一个真实的案例：

一群成年人对孩子开玩笑说"你爸妈都不要你了，再也不回来了"。孩子听完就大哭起来，因为这个孩子的父母常年在外工作，平时见到父母的机会不多，而孩子最怕的就是见不到爸爸妈妈。

成年人的玩笑，在孩子眼里是天塌地陷式的恐怖。后来这个孩子天天跑到码头边等船，一开始大家都不在意，后来慢慢发现，这个孩子的精神不正常了。

这是比较极端的案例，但类似"你妈不要你了"这样逗孩子的话，在我们身边却常常会听到。我自己的孩子也曾遇到过类似的事情。家里的亲戚来做客，我们到外面餐馆吃饭，妻子去洗手间的时候，某亲戚就对我女儿说："你妈妈走咯，不要你咯！"

我第一时间对孩子明确地说："妈妈去洗手间了，等会儿就回来，而且妈妈刚刚还和你说过她去洗手间了，是不是？"我对孩子这么说的时候，旁边的亲戚还在笑。

"我就是看看她害不害怕。"亲戚在旁边搭话了。

本来我也不打算再说什么了，但是听到这句话后，我忍不住反问了一句："如果她为此哭了呢？你要看看孩子是否感到害怕的目的是什么？"

这位亲戚当然没有什么目的。但是成年人这样逗孩子，自然有他背后的心理动力。当成年人欺骗、戏弄孩子的时候，把孩子最容易受伤、最害怕的事情当作笑话，不仅把自己的快乐建立在了孩子的痛苦之上，更重要的是，把自己曾经经历的类似屈辱投射给了孩子。

吓唬、欺骗、戏弄，只会让孩子感到不安和恐惧，只会让孩子感到不信任和屈辱，这些对孩子的影响是长远甚至是终身的。

更让人难过的是，这些孩子长大后，可能也学会了用同样的方式，去对待他们的孩子或是别人的孩子。我们面对自己的孩子，总想给他最好的教育、最好的环境，但我们在面对别人的孩子的时候，是否还仍然会有这份在意？

05

家庭环境的范围是有限的，孩子成长中必然会有社交，有更大的环境在等着他去探索和学习。

正如作家张晓风在《我交给你们一个孩子》中写道：

他开始识字，开始读书，当然，他也要读报纸、听音乐或看电视、电影。古往今来的撰述者啊，各种方式的知识传递者啊，我的孩子会因你们得到什么呢？你们将饮之以琼浆，灌之以醍醐，还是哺之以糟粕？他会因而变得正直、忠信，还是学会奸滑、诡诈？当我把我的孩子交出来，当他向这世界求知若渴，世界啊，你给他的会是什么呢？

孩子是一面镜子，社会给了孩子什么样的环境，孩子就会不经意地吸收、效仿、反射出来。而我们的孩子，终将生活在社会这个大环境中。

所以，请给孩子们一个善意的成长环境。